21세기 4차 산업혁명 시대 공부 방법 변화 대비

공부! 답이 보인다

Study?

Always first

I catch and read

My textbook

Myself

류기오 지음

공부!
답이 보인다

펴 낸 날   2024년 6월 25일

지 은 이   류기오
펴 낸 이   이기성
기획편집   이지희, 윤가영, 서해주
표지디자인 이지희
책임마케팅 강보현, 김성욱
펴 낸 곳   도서출판 생각나눔
출판등록   제 2018-000288호
주   소   경기도 고양시 덕양구 청초로 66, 덕은리버워크 B동 1708, 1709호
전   화   02-325-5100
팩   스   02-325-5101
홈페이지   www.생각나눔.kr
이 메 일   bookmain@think-book.com

- 책값은 표지 뒷면에 표기되어 있습니다.
  ISBN 979-11-7048-698-5 (03370)

공부!
답이 보인다

류기오 지음

생각나눔

4차 산업혁명 시대

. . .

'공부! 답이 보인다'고요?

학생 여러분!
학부모님 여러분!

초대합니다.

일생동안 공부를 하면서
살아가는 것이
우리의 근본적인
도리^{道理}(사람이 마땅히 행해야 할 바른길)
입니다.

특히
성장기(초·중·고에서)에 지식공부는
학교라는 시스템(System·조직·체계)에서
학생으로 구성되어 있을 때

해야 합니다.
학생 신분은 공부를 해야 하는
의무와 책임이 주어
집니다.

학생 스스로 고민을 하지 않을 수 없습니다.

4차 산업혁명 시대
'공부! 답이 보인다'라는 빛으로
돕고 싶습니다.

여기서 '공부! 답이 보인다'란
인간성, 공부본질, 공부수단, 공부방법들의
빛이 비쳐 있으니
제대로 알고 공부를 하자는
것입니다.

학교 공부하는 데 본인 스스로
해결할 수 있는 수단, 방법들을
잘 파악해 보아야 합니다.

사교육에 의한 대학입학^{大學入學}은
학생 스스로 할 수 있는 독립심이 매우
약해 성장동력^{成長動力}(커나가는 데 필요한 힘)이
바닥인 학생으로 됩니다.

사교육을 꼭 받고 싶으면
진행될 범위를 5번 이상 읽어 본 다음에
선생님의 강의를 들어야 합니다.
단, 수학은 개념이해와 문제 풀이해보고
안 풀리면 고민 정도 해 보고 강의를
들어야 합니다.

학생 스스로 학교 공부의 결과인 성적을
만들어 낼 능력을 잘 갖추어야
부모님의 많은 말씀에서 벗어날 수 있습니다.

물론 부모님의 자식 사랑에서
첫 출발이지만
공부 과정이나 성적에 한편으로는
지대한 관심이 있을 수밖에 없습니다.

부모님은 경제적인 투자자이기 때문입니다.

4차 산업혁명 시대에는
반드시 학교 성적 지상주의^{至上主義}
(꼭 학교 성적만)만을 말하지 않습니다.

학교성적을 잘 성취하기 전에
인간성(사람의 됨됨이: 상대방에게 사랑, 감사,
배려, 존중, 양보, 사과, 봉사 등)을

갖춘 학생이 인본주의^{人本主義}적인
생각과 사상을 잘 인식하게 되어있으니
여러 친구들과 융복합할
사회성과 교류감이 왕성해진다.
따라서 학생 그대의 정체성이
바로! 국가 사회에 똑똑한 주인공으로
성장할 수 있다는 것입니다.

학생 여러분!
학부모님 여러분!

사교육의 도움으로
학교 성적을 관리해야 한다는
사고방식을 집어던져 버리세요.

왜
하루 24시간 중 학교 공부 대비
준비 학습(예습), 마무리 학습(복습)해 가기도
시간이 모자랄 뿐만 아니라 특히
학생 개인 자유시간이 없습니다.

왜
학원, 개인과외로 귀자녀가 지쳐 있고,
인성^{人性}이 메말라 가고
사교육비 대비 교육적 효과의 가성비

가성비^{價生費}인 성적향상을 보면 1~10%
학생들을 제외한 90% 가까운 학생들의 성적이
기대만큼 좋지 않습니다. 돈낭비

4차 산업혁명 시대에 '공부! 답이 보인다'라는
빛을 받아보시고

4차 산업혁명 시대
토론식 수업을 대비해
자율주행 공부 학습 능력인 혼공법^法을
배양해야 합니다.

✎ 제 I 장
    21세기 코로나19가 미래 세대에게 알려준 변화된 공부 환경

✎ 제 II 장
    21세기 주인공인 학생 여러분!
    공부의 실력보다 인간성(사람됨)을 기르자

✎ 제 III 장
    21세기에 알아야 할 공부의 길

✎ 제 IV 장
    4차 산업혁명 시대 Offline, Online 공부 경영의 문제 제기

학생 여러분이
7개의 '공부! 답이 보인다'라는 빛을
확인해 보았으니까.

학생 스스로 당장 학교 성적을
자기주도적으로, 자율적으로,
타인의 도움없이(사교육없이) 관리할 수 있는
학생 본인의 '공부! 답이 보인다'라는
빛으로 목표달성인 성적을 해내 보세요.

다른 사람, 특히 부모님도
만족할 수 있도록
본인의 '공부! 답이 보인다'라는
것으로 보여 드리세요.
학생 여러분의 미래는

학생 자신 스스로에게 달려 있습니다.

노력 없이는

학생 자신의 밝은 미래를 보장 받을 수 없습니다.

사교육(학원, 개인과외)에 대한 굴레를

집어 던져 버려도 됩니다.

학생 스스로 공부의 고민을 해결해 주는데

'공부! 답이 보인다'라는 것으로

이해가 되어서

공부 경영에 관심과 의욕이 높아졌고

설명력, 표현력, 창의력, 사고력, 자신감 등이

만들어진 것을 알게 되었습니다.

최근 사교육에 관한 문제가 발생했습니다.

소위 명문 대학교에 입학해도

자기주도적 학습 능력이 전혀 없는 관계로

대학 공부 진행이 안 되어

부끄럽게 대학생이

사교육에 의존해

대학생활을 한다고 합니다.

사교육까지 받아서

대학교 졸업장만 받으면 무엇합니까?

첫째,

세상 사람들 속에서 어울리는 자아 정체성이

아주 부족하고

둘째,

국가 사회 속에서 자아 경쟁력이 좀 부족하고

결국

자아 생존력이 부족한 사람으로

전락^{轉落}(나쁜 상태로 굴러떨어짐)합니다.

저자가 세계 최초로 연구개발한

학문적 용어인 공부지능(SI:Study Intelligence)을

생활화, 습관화하여 '자율주행 공부학습 능력인 혼공법^法'을

꾸준히 강렬하게 스스로 길러내야 합니다.

미래의 꿈과 희망을 이루어 내기를

진심으로 바랍니다.

몇십 년 동안 평생 공부 방법 연구의

세계에서 통득(通得)한 저자로서

더없는 기쁨으로 생각하겠습니다.

2024년 6월 쌍문동 서재에서

류 기 오

Contents

B. 미래 세대인 학생들의 준비 사항

제Ⅱ장

21세기 주인공인 학생 여러분!
공부의 실력보다 인간성(사람됨)을 기르자

21세기에 알아야 할 공부의 길

제 IV 장 4차 산업혁명 시대 Off-line, On-line 공부 경영의 문제 제기

제 V 장 4차 산업혁명 시대 Off-line, On-line 공부 경영의 문제 해결 방안

(※ 이 책의 가치를 꽃 피는 곳)

[자율 주행 공부 학습법 활용 요령]

1) 매일 Note에 기록하는 오늘의 공부 경영 일지 이야기

2) 매일 Note에 기록하는 오늘의 복습 공부 경영 일지 이야기

3) 매일 Note에 기록하는 오늘의 예습 공부 경영 일지 이야기

4) 매일 Note에 기록하는 공부 경영 진행 상황 평가장 이야기

A. 미래 세대인 학생들이 알아야 할 내용

B. 미래 세대인 학생들의 준비 사항

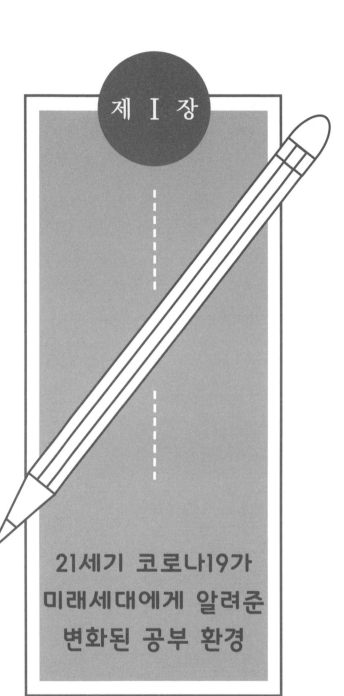

제 I 장

21세기 코로나19가
미래세대에게 알려준
변화된 공부 환경

A
미래 세대인 학생들이 알아야 할 내용

1. 코로나(Corona)19 공부 환경 변화

*Corona 사태는 세상을 송두리째 바꿔버렸다.

1) Live 자기주도 학습
슬기로운 집콕 자기주도학습

2) 온라인 Online(비대면) 감독교사
a. '늦은 접속 오래 비우다'로 확인될 때는 바로 학생에게 연락
b. 학교의 생활관리

3) 화상회의 교실

4) Online Study

5) Corona19 공부법은 혼공(혼자 공부)법^法으로 대세^{大勢}가 되었다.

　-학생 스스로 계획을 세워 공부하는 자기주도 학습은 예전
　부터 꾸준히 강조했지만, Corona19로 학교생활까지 원격
　으로 전환되면서 그 어느 때보다 혼자 공부하는 습관의 중
　요성이 커졌다.

6) 학생이 스스로 혼자 공부하는 법(혼공법^法)을 찾았다.

7) 공부 지능(SI:Study Intelligence)을 이용할수록 공부가 재미있다.
-공부지능(SI)은 예습 지능, 강의듣기 지능, 복습 지능, 이 세
　가지를 통틀어 말한다.
-공부지능(SI)은 저자 류기오가 2019년 세계 최초로 연구 개
　발한 학문적 용어이다.
-공부지능(SI)이 자유롭게 재미있게 혼공법^法을 할 수 있도록
　도와준다.

8) 학생 스스로 가정학습을 해야 한다.

9) 초등학생 경우 초등학생용 생활계획표(양식, Online에서 내려받음)를
　작성해야 한다.

10) 초등학생용 면역력 UP '집콕 체조'

11) 엄마가 집콕 선생님

12) Online(비대면) 학습 멘토 mentor

　－특정 과목을 가르치는 게 아니라 수험 생활의 일정을 짜고 매
　일 도달한 학습량을 점검하는 게 학습 mentor의 역할이다.

　*Mentoring 내용

　계획 수립, 동기부여, 학습 진도, 점검 등 다방면으로 확인과
　조언(도와주는 말)이다.

13) 느슨한 연대

끈끈하진 않지만 적당한 연결 고리를 매개로 모인 관계를 말한다.

14) 요즘 사람들은 강한 연대가 아닌 느슨한 연대를 선호한다.

15) 뉴노멀(New Normal, 새로운 일상) 시대가 닥쳐왔다.

16) 공부(학습) Manager

17) 일대일 관리 Service

18) 언택트(Untact, 비대면) 시대 학습지도는 '일대일 관리 서비스'로
해준다.

19) 가정의 '공부방' 개념도 크게 바뀜.

가정에서 수업 듣고 공부를 해야 한다.

A. 방꾸(방 꾸미기)

B. 데꾸(desk 꾸미기)

C. 캠테리어(카메라와 인테리어 합성어)

쌍방향 실시간 수업 도중에 카메라로 비치는 공간만 중심적
으로 바꾸는 것을 말한다.

20) Online(비대면) 교육 플랫폼(Platform)

VR(가상현실)—AI(인공지능)

21) Corona로 '등교 선택권' 생김

22) Corona 시대에는 더 투명하고 선명한 세상으로

23) 등교 불가능(강제 휴식)으로 반전

24) 여러 나라 공교육 체계에서 학생들은 Online 학습 주제로 미리
익히고 교실에서 토론이나 모둠 과제로 풀어내는 Flipped Learning
(프립트 러닝, 거꾸로 교육, 역진행 수업)을 적용하고 21세기 교사는 이에
보조하는 게 합리적이다. 21세기 학생은 Online 자기주도적 학습을 한다.

25) 원격 수업과 디지털(digital) 교육

2. 인강(Internet 강의) 인기

*신종 코로나 바이러스 감염증(코로나19, COVID19) 발생으로 인기가 있다.

1) 실시간 화상 시스템으로 인기가 있다.

2) 인공지능(AI)
    a. 눈동자를 인식해서 딴짓하지 않는지를 잡아낸다.
      (친구야, 여기를 봐야지.)
    b. 자주 틀리거나 잘 모르는 문제가 뭔지 분석한다.

3) 아이가 혼자 집에 있어도 관리할 것

4) 수업 중에 딴짓을 하는 것도 관리 대상

5) 관리 교사가 PC 카메라로 아이가 수업 듣는 모습을 Monitoring

6) 선생님이 응원하니 더 집중하자.

7) 학부모는 전용 애플리케이션(Application, 특정한 일을 하도록 만들어진 프로그램)으로 아이가 오늘 목표치를 다 들었는지, 어떤 부분에서 집중을 못 해 주의를 받았는지 등을 확인한다.

8) AI가 아이의 학습 데이터를 분석한다.

어떤 부분을 잘 틀리고 부족한지에 대한 정보를 주기적으로 제공

9) AI 도입으로 개인 맞춤형 수업

3. 원격 수업(Online 수업)

*Online(비대면, 원격) 학습은 Offline(대면 교실) 학습과 병행해야 할 교육 모델이 된 지 오래다.

1) 수업 내용 및 학사 관리 수준을 높여야 한다.

2) 학생들과 쌍방향으로 소통을 해야 한다.

3) 학습꾸러미(과제물)를 스스로 해결한다.

4) 교사는 Community(교실)를 중심으로 모범원격 수업 사례 논의 벤치마킹이 필요한 상황이다.

－벤치마킹(Benchmarking)

기업에서 경쟁력을 제고하기 위한 방법의 일환으로 타사他社에서 배워오는 혁신기법革新技法

5) 원격 수업은 아카이브(Archive)이다.

－아카이브(Archive)란?

원격 수업에 있어서는 학생이 소장품이나 자료 등을 디지털(Digital)화하여 한데 모아서 관리할 뿐만 아니라 그것들을 손쉽게 검색할 수 있도록 모아둔 파일(File)을 말한다.

4. 원격 수업의 장점

1) 일부 학생이 발표하는 1 대면 수업과 달리 원격 수업은 모든 학생이 저마다 의견을 낼 수 있다.

2) 협업, 발표 등의 측면에서는 교육적 효과가 더 크다.

3) Internet의 장점을 교육에 그대로 접목한다.

4) 시간과 공간을 뛰어넘을 수 있다.

5) 실시간 쌍방향 수업이다.

6) 평균을 지향한다.

7) 비대면 Untact으로 수업 진행한다.

8) 대면 Contact 수업의 보완책이다. (수업 결손 보완)

5. 원격 수업의 문제점

1) 수업을 듣지 않고 출석 완료하는 방법

2) 영상을 몇 배속으로 들어도 출석 처리

3) 수업의 질이 떨어짐(수업의 질을 높여야 한다.)

4) 45분 수업 중 20분 정도는 아이들이 떠들거나 집중하지 못해 진행이 안 됨

5) 개인별로 어느 정도 이해했는지, 진도를 제대로 따라가는지, 집중해서 수업을 듣고 있는지 파악하기 어려움

6) 초등학교 저학년은 학력 저하

7) 인생 교육의 문제 발생

8) 등교 수업만큼의 '보편적 교육' 역할을 할 수 있을지도 걱정

9) 아무리 잘해도 학생의 집중력이 떨어지고 교류도 부족하기 때문에 대면 수업만큼 효과를 못 냄

10) 중위권 학생 확 줄고 하위급 급증

11) 서열화를 부추김

6. 원격 강의 개선 방안

원격 강의는 '실재감(대면 수업의 느낌)'이 떨어져 Offline(대면)과 다르게 집중력을 높이는 강의 구성이 필요하다.

7. Online(비대면) 학습 최대 장점

1) 평가에 대한 성적 분석이나 수험생을 위한 feedback(자동 조절 원리)도 빠르고 정확하게 할 수 있음

2) 나아가 시험 자체의 수준과 적정성에 대한 종합적 Review(재검토, 되새김)

8. Online 시험의 문제점

1) 부정행위(커닝, 대리시험)가 더 쉬워짐

2) 일부 학교 시험지와 함께 해설지 배부 => Online 타고 정답 퍼짐

9. 매크로(Macro, 자동프로그램)

Computer game에서 보통 자주 사용하는 여러 개의 명령어를 묶어 하나의 명령어로 만든 것(키, key).

10. Macro(매크로, 자동프로그램)의 문제점

1) 그냥 놔두면 알아서 강의 접속되고 완강(수업 완료)

2) 스크립트(Script, 방송 원고, 대본)를 활용해 강의를 듣지 않고도 들은 것처럼 인정받는 사례 발생

11. Corona로 학력 격차를 줄이는 해법

– 진단과 보충

12. 팬데믹(Pantemic, 감염병 대유행) 이후 문제점 발생

1) 학교는 재미없음

2) 학교 혐오

3) '학종 격차' 커짐

13. 교수와 학생 동시에 참여 줌(Zoom)

*가르치는 교수 입장에서는 대면 수업이 가장 좋다.

1) 동시에 학생과의 질의응답이나 토론은 별도의 기회를 만들어야 한다.

2) 평가가 있는 곳에 발전이 있다.

3) 마이크를 필요에 따라 꺼둘 수 있는 것을 음소거音消去라 한다.
－음소거音消去란?
　소리가 나지 않는다는 의미를 가진 표현이다.

*Zoom 세대는 맞춤 교육이 필요하다.
*Zoom 세대 교사의 역할은 페이스 메이커(Pace Maker)다.
　－Pace Maker(페이스 메이커)란?
　선생님이 교육 오토바이를 타고 학생이 운전하는 공부차를
　유도하는 선생님을 말한다.

14. Zoom의 문제점

1) 학생들이 일반적으로 20분 이상 영상에 집중하지 않는다는 사실

2) Zoom 화상 All no cover

3) Online 시험을 치르는 학생의 70%가 부정행위 성향을 보임

🔦 15. 학교 교육의 변화(Corona19)

Corona 전^前까지 학교 교육이 '주입식'에서 '자기주도학습'으로 바꿔야 한다.

🔦 16. 학습 법칙

−손다이크(E.L Thorndike)가 정립한 법칙
−학습을 효과 있게 하기 위한 원리

1) 연습의 법칙

같은 일에 대해서 같은 반응을 되풀이하게 되면 반응이 고정되고, 그 반응이 확실히 용이하게 일어나는 경향이 있게 됨을 말한다.

2) 효과의 법칙

만족이 따르는 반응은 다른 조건이 동일한 다른 반응보다 더욱더 견고하게 자극과 결합하며, 이러한 사태가 계속되면 이 결합은 강화되고 불만족이 따르는 사태가 계속되면 결합이 약화된다는 이론이다.

3) 준비성의 법칙

−새로운 사실과 지식을 습득한 준비가 충분히 갖추어져 있을수록 결합이 용이하게 된다는 원리이다.
−학습을 해낼 준비가 얼마나 되어있는지를 나타내는 준비도^{準備度}를 의미한다.

17. 문제 중심 법칙

1) 모르고 지나친 학습

2) 어려워하는 곳
*자기주도학습으로 해결

18. 체육의 중요성

1) Sport를 계속해 온 집단이 그렇지 못한 집단보다 '비만도와 심혈관계 질환'위험이 현저히 낮다.

2) 어릴 적 땀으로 얻은 성취감은 강렬한 기억으로 남는다.

3) 어른이 되었을 때 다시 살아나 평생에 거쳐 운동을 해 건강한 삶을 유지한다.

19. 학교란 무엇인가?

1) 학생들의 학습은 기본이고, 학생들의 만남과 교감交感, 정서 발달, 심리적 안정 그리고 음식과 신체적 건강까지 책임지는 사회화(化)와 Heeling 그리고 돌봄의 장소다.

2) 가정이나 사회의 안녕과도 직결돼 있다.

20. 교사의 역할

1) 학생들에게 복합적 기능을 수행할 수 있도록 동력을 제공한다.

2) 학생들의 멘토(Mentor), 안내자, 카운슬러, 치어리더

 21. 초등학교 1학년 학생의 정서 성장

1) 친구와 상호작용

2) 사회성 함양涵養 (차차 길러 냄)

B
미래 세대인 학생들의 준비 사항

 1. 미래 사회

'초지능, 초연결, 초실감'이 구현具現(구체적으로 나타냄)되는 4차 산업혁명과 함께 정신 및 감성 영역의 휴머니즘이 강화되는 '뉴르네상스(새로운 문화 운동 4차 산업혁명) 시대'가 될 것이다.

 2. 뉴르네상스(새로운 문화 운동, 4차 산업혁명) 미래 사회

인공지능(AI)과 정보통신 기술 (ICT)을 중심으로 한 4차 산업혁명 기술과 인간의 창의성 및 인성의 결합이 핵심 국가 경쟁력이 될 것이다.

 3. 코로나 Corona19로 경제 체제 변화

경제에서는 Smart 뉴딜경제 시스템으로 체제를 재편할 필요가 있다.

즉, Smart Platform. 인공지능(AI)에 기반한 Smart 교육, Smart work(일, 노동), Smart 헬스케어, Smart 팩토리(Factory, 공장), Smart 시티(city), Smart 팜 산업 등.

4. 알고리즘(Algorism)

1) 공식이란 뜻으로 이해하면 된다.

2) 어떤 문제의 해결을 위하여 입력된 자료를 토대로 하여 원하는 출력을 유도하여 내는 규칙의 집합이다.

3) 여러 단계의 유한 집합으로 구성되는데, 각 단계는 하나 또는 그 이상의 연산(식이 나타낸 일정한 규칙에 따라 계산함)이 필요하다.

5. 인공지능 알고리즘 (AI Algorism)

1) 인공지능 공식이다

2) 인공지능의 아라비아 기수법(1, 2, 3…)

3) 인공지능의 아라비아 연산법(아라비아의 숫자로 +, −, ×, ÷)

6. 미국 2012년 MOOC(대규모 Online 공개 강의) 무크의 해

−코세라(Coursera)는 미국의 Online 강의 Platform

7. 한국 2015년 K무크(K-MOOC 한국형 Online 공개 강좌)

한국형 온라인 공개강좌 K-MOOC : Korea-Massive Open Online Course 줄여서 '케이무크'라고 합니다.

"대학이나 기관 등의 우수한 온라인 강좌를 일반인이 무료로 수강할 수 있는 서비스로 지난 2015년에 시작되어" 현재까지 새로운 강의가 추가되고 있습니다. 약 1,000개의 다양한 강좌가 제공되고 있습니다.

8. 사물 인터넷(IoT), 태플릿 Software, 인공지능(AI), 빅데이터, 딥러닝 등

1) 배우는 것이 재미있어야 한다.
2) 다른 생각에 대한 포용과 이해
3) 학생과 교직원은 모바일이나 PC를 통해 자기진단, 설문

9. 원격수업용 공공 학습 플랫폼(Platform)

1) e학습터

통합 초등학교, 중학교, Online 학습 서비스

2) ICT(정보통신기술)

－정보기술(Information Technology)과 통신기술(Communication Technology)의 합성어로 컴퓨터, 미디어, 영상 기기 등과 같은 정보 기기를 운영, 관리하는 데 필요한 소프트웨어

(Software) 기술과 이들 기술을 이용하여 정보 수집, 생산, 가공, 보전, 전달, 활용하는 모든 방법을 말한다.

–정보를 주고받는 것은 물론 개발, 저장, 처리 관리하는 데 필요한 모든 기술

10. AI(인공지능) 기술은 기계 학습과 심층 학습이다

1) 기계학습^{機械學習}(Machine Learning)

인공지능(AI)의 한 분야이며, 즉 사람이 학습하듯이 컴퓨터에도 데이터들을 줘서 학습하게 함으로써 새로운 지식을 컴퓨터가 만들어 내는 것이 기계학습인 것이다.

2) 심층학습^{深層學習}(Deep Learning)

사람의 뇌가 생각하는 방식을 본떠서 만든 인공지능(AI) 기술이다.

11. AI의 학습 Dater

–기본적으로 수천, 수만 번의 실험을 거쳐 학습

–Dater는 수집, 분석

12. 양자^{量子} Computer

–인간처럼 생각하고 판단하는 초^超 고지능 AI의 두뇌가 있는 Computer다.

–1만 년을 '200초'로 초지능 AI 두뇌가 있는 Computer다.

－반도체가 아닌 원자를 저장소로 활용하는 미래형
Computer다.

🛋 13. 양자^{粒子} 우월성

Super Computer로 1만 년이 걸릴 계산을 양자 Computer
로 200초 만에 해낼 수 있다는 '양자 우월성'을 논문을 통해
세계 최초로 증명

🛋 14. 구글 양자 컴퓨터 개발팀 기술자의 말씀
"10년 후 양자 Computer로 기존 Computer로 도저히
도달할 수 없는 세상에 접근할 수 있는 것이다"고 말하였다.

🛋 15. 인공지능(AI)의 미래

사람의 도움 없이 AI가 스스로 반복 학습을 통해 해결 방법
을 터득하는 강화학습(Reinforcement Learning) 등의 기술을
개발하고 로봇, 가전, 자동차, 에너지 제어 등의 분야에 적용
할 계획이다.

🛋 16. 뉴노멀(New Nomal, 새로운 기준, 새로운 일상)

시대 변화에 따라 새롭게 떠오르는 기준 또는 표준

17. Corona19 세계적 대유행(Pandemic)

생산 감소 -> 소득 감소-> 소비 감소

18. 변화의 핵심(Pandemic에 따른)

5G 연결, 사물 인터넷(IoT) 센서 인공지능(AI) 기반 분석 및 Robot Solution 등 기술 혁신이 자리 잡고 있다.

19. New Normal 시대

*일상의 변화를 촉발한 Pandemic

1) 재택근무의 확대와 탈도시화

-뉴노멀의 핵심 Key word => Untact(비대면) Digital 신 기술 도입

-직원들의 소속감과 업무 의욕을 높이기 위해 AR(증강현실) 과 VR(가상현실) 공간을 적극 활용해야 한다.

2) 전자 상거래가 일반화

-Online Shopping 일반화

-상점 => Show room 보관창고

-큰 매장 생기고 소매상 점차 감소

3) Minimal Life 추세 강화

자동차와 집 등은 소유보다 임대 선호

Online 강의, Online 종교 활동

Coffee Shop 대중목욕탕 등 집객형

Service 점차 없어짐

4) 위생에 관한 관심 증가

홈 Care, 원격상담체제 구축

5) 세계화 퇴조와 지역주의 강화

신자유주의는 퇴조하고 국가의 기능이 확대될 것이다.

6) 사회적 기업가의 역할 증대

A. Corona19 Pandemic으로 큰 위험에 처한 소외계층에
   Service를 제공

B. 사회변혁의 길목에서 공공의 이익을 위해 활동하는 이들의
   역할이 중요해지고 있다.

20. 나르시시즘(Narcissism)
자기 자신에게 애착하는 일

21. 리비도(Libido, 정신적 에너지)

사람이 내재적으로 갖고 있는 성욕, 즉 성적 충동

 22. Digital 작품

−Missing and Found(마리킴)

−Digital file이 이처럼 고가에 팔린 배경은 NFT(Non Fungible Token, 대체불가능 토큰)다.

−원본은 블록체인

 23. NFT(Non Fungible Token, 대체불가능 토큰)

1) Digital 환경에서 소유주를 증명하는 증서의 역할

2) 희소성을 갖는 Digital 자산을 대표하는 Token

3) NFT는 블록체인 기술을 활용

4) 기존의 가상 자산과 달리 Digital 자산에 별도의 고유한 인식값을 부여하고 있어 상호교환이 불가능하다는 특징

24. NFT Art란?

−NFT Art는 Non Fungible Token의 약자로, 즉 대체불가
능 토큰을 기반으로 하는 블록체인 기술과 예술을 결합한
Digital Art 작품을 말한다.

25. Digital 교육

1) 한국의 교육은 굳이 오바마 미국 대통령이 홍보해 주지 않아도
세계가 인정하고 있다. 다만, 우리가 명심해야 할 것은 이제 '어
떻게 공부할 것인가?'가 아닌, '무엇을 공부할 것인가?'가 더 중
요해졌다는 사실이다.

2) 아직도 우리나라에선 원어민 못지않은 영어 실력을 필수 스펙
(Speck)으로 삼고 있지만, Digital 정보 문명사회에 접어든 인
류의 필수 과제는 새로운 문명의 근간이 되는 'Digital 언어 능
력'을 습득하는 것이다.

3) 물리적 행동에 의해서만 가능했던 모든 일이 Digital로 대체되
고, 소형 Computer 하나만으로 편안히 의자에 앉아 모든 업무
를 처리할 수 있는 스마트네이션(Smart Nation, 스마트 국가)에서
는 Digital 인재가 경쟁력이다.

4) 이에 따라 싱가포르는 정부 주도 하에 미래의 기술을 만드는 코
딩 교육(Coding 교육, 부호화 교육)을 전파하고, 영국은 모든 영국

인이 Digital 언어를 구사할 수 있게끔 공교육 과정에서 프로그래밍 언어(Programming 언어)를 가르치고 있다. 자연스럽게 교육 방법에도 변화가 찾아왔다. 교육을 위한 도구로 에듀 게임(Edu Game)에 주목하는 미국의 움직임도 함께 살펴보자.

5) 교육 프로그램(Program)

  e-business, Digital business Internet 교육

  (직장인 위주의 교육)

국민 내일 배움 카드, K-digitaltraining, K디지털크레딧, K-디지털

-한국직업능력교육원(158-6422)

-한국소프트웨어인재개발원(02.2025-8523)

-전국 각 대학에서 K-디지털 교육

-각 지방 자치단체에서 Kdigital 교육

 26. 학생들이 공부해야 하는 이유

첫째, 두뇌 발달을 위해서다.

두 번째, 끈기와 인내심을 기르기 위해서다.

세 번째, 자기 자신에 대한 신뢰감을 얻기 위해서다.

네 번째, 미래의 꿈을 실현하기 위해서 공부는 필수다.

*학생 왈, 공부는 지루하고 힘듭니다.

*부모 왈, 너는 지금 힘든 일을 참아내는 훈련을 하는 중이야.

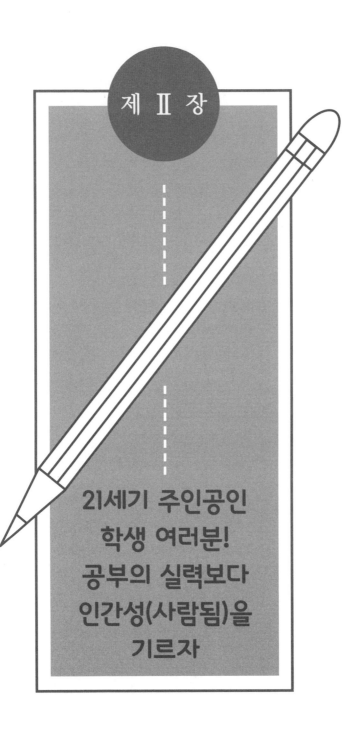

제 Ⅱ 장

21세기 주인공인
학생 여러분!
공부의 실력보다
인간성(사람됨)을
기르자

1. 칭찬하면서 살자

2. 친구들의 관심사에 공감하는 능력을 기르자

3. 소통하는 기술을 익히자

4. 나의 벽을 깨는 능력을 기르자

5. 자주하는 지적, 주의의 말은 자녀에게 독이 된다

6. 저속적인 말 '욕'을 하지 말자

7. 항상 내 말만 주장하지 말자

8. 먼저 상대방의 말을 주의 깊게 듣자

9. '사과'는 신속하게 하자

10. 감사의 말 표현은 밥 먹듯이 하자

11. 나의 존재가치가 있다고 말하자

12. 내가 대접받고 싶으면 먼저 상대방을 대접해 주자

13. 양보를 생활화 하자

14. 사랑의 씨앗을 스스로 만들어 내자

15. 행복의 마음을 기르자

16. 이 세상 모든 일은 내 마음대로 내 생각대로 되지 않는다

17. 실패(잘못된 것)를 두려워 하지 마라

18. 실력만 사람의 평가는 아니다

19. 공부의 실력보다 사람의 향기가 나는 꽃을 피우자

01
············ 칭찬하면서 살자 ············

우리 일상 생활은

크고 작은 성과를

이루어 내면서

개인 누구나

우리들 속에 살아가고 있다.

매 순간마다

하는 일, 공부, 기술 등을

해내어 가면

"참으로 잘 한다."

"어떻게 그렇게 실력을 보여 주었니?

"대단한 면이 있었구나!"

이 국가 사회에

참 일꾼으로

"여러 사람들이 '너'를 부르고 찾겠네!"

멋있다! 능력 있네! 실력이 있네!

"인간성도 참 좋다."

막 치켜세우는 칭찬을 해야 하는데 우리나라는 전통적으로 '사촌이 땅을 사면 배가 아프다'. 이 속설俗說은 씨족사회의 생활 풍속風俗의 단면斷面이다.

이는 질투심과 시기심이 많다는 심리상태다.

따라서 칭찬 표현 문화가 발달할 수가 없는 우리 생활문화다.

이제 21세기 4차 산업혁명 시대에 개인주의까지 팽배한 마당에 서로서로 융복합하지 않으면 살아남을 수가 없다.

학생 여러분!

서로서로 상대를 보면

"잘하네! 잘한다! 멋지다!"

실력이 향상되고 있네!

격려성 칭찬을 언제든지 표현하여

신나게 어우러지는 학교가 되게

즐겁게 융화가 된 사회가 되게

서로 화기애애한 분위기가 되게

늘

칭찬하면서 살자.

02
친구들의 관심사에
공감하는 능력을 기르자

사람의 생존은 혼자, 홀로, 1인으로서만이 해결해 갈 수가 없다. 사람 값의 의미조차도 없다.

내가 하고 있는 것을 다른 사람이 알아주기를 바라기 전에 먼저 상대방(친구가)이 하고 있는 것에 마음과 신경을 써 대화하려고 접근해야 한다. 살아내는 재미와 여유로 하나의 모음이 되면 삶의 행복감을 갖게 한다.

친구들을 만나고 싶고 더 친해지면서 학교생활이나 사회생활이 활발해 진다.

대인관계가 원만해 지고 유연까지 해져 완숙한 사람으로 성장한다.

따라서 친구(상대방도)도 내가 하고 있는 것에 관심을 가져주어 서로 공감대가 형성되어 사람의 생존능력이 왕성해 진다.

서로 관심사에 공감하는 능력이

이렇게까지 발전한다.

03

········소통하는 기술을 익히자········

사람의 표현기술은 말하기, 글쓰기, 동작, 표정의 비언어적 수단이 있다.

사회생활에 있어서는 앞서 말한 것들로 상대(친구)와 관계를 맺고 유지해 간다.

친구가 나에게 먼저 말을 걸어와 주기를 바라는 것은 안 된다. 우선적으로 나 자신을 표현하는 것이다. 나는 어떤 성격과 취미가 있고, 인생항로에서 어떤 방향으로 가고 있고, 목표를 어떻게 달성할 것인가 고민하고 노력하고 있는 것을 친구에게 말하는 것이다. 그다음에 친구도 나에게 응답으로 앞에서 말한 것들을 친구 자신이 스스로 표현을 한다.

사회적, 국가적, 국제적 관심사, 이성을 사귀는 내용까지도 화젯거리로 확대하여 시간이 많이 흐르는 것도 모르고, 재미있고 즐겁게 행복한 기분으로 서로 소통하며 만족해 한다.

서로 소통하는 것은 우리를 건실한 친구, 사회인으로 성장시키고, 더 나아가 건전하고 건강하고 밝은 사회소통문화로까지 발전이 된다.

04

······ 나의 벽을 깨는 능력을 기르자······

나 자신은 어떤 사람인가를 스스로 잘 알고 있다.

친구들과 잘 어울리는지,

　　　　말을 잘하고 있는지,

　　　　수업내용에 대해서 대화하는지,

　　　　모르는 것이 있으면 물어보는지,

친구들이 말을 걸어오면

　　　　친절하게 말하는지,

명랑하게 적극적으로 하려는 의지로 스스로 위의 것들을 해결하면 친구들 사이에서 돋보이면서 나의 학교생활이 활기차진다.

　이것은 나의 벽이 깨진 것이다. 기본적으로 학교 공부를 잘 꾸준히 해 가는 것이지만 생각과 같이 어느 특정 과목의 성적을 못 올리고, 교과서도 펴기 싫고, 손도 대기 싫고 하는 것이 있다. 이 세상은 본인 입에 반드시 맞는 것은 별로 없다. 본인 스스로 입에 맞게끔 해결하는 것이 기본자세다.

　예를 들면 수학이 어려워 못하겠다고 마음먹지 말고 '수학교과서'를 10번 이상 소리 내어 읽고, 알 때까지 고민하고 꾸준히 노력해 보자. 수학이 쉬운 과목이라고 느껴진다. 돌아보면 나의 벽이란 없다는 생각이 든다.

수학박사도 된다. 역시 수포자는 잘못되었던 것이다.

이른바 내 나라 한국어도 잘 모르고 사용하고 있을 때가 종종 있다. 하물며 생소한 단어소리 감각과 표현사고방식이 우리 한국어와 다른데 그것을 쉽게 생각하고 게눈 감추듯 해결 보려고 하는가?

가끔 영어단어를 하루에 100개씩 암기를 쉽게 할 수 있다는 선전문구를 본다.

어불성설語不成說(말이 조금도 가닥에 닿지 않음)이다. 일단은 영어단어를 학생 본인의 흥미, 재미, 즐거움 정도에 따라 꼭 '입'으로 달달 익혀야 한다. 매일 하루도 쉬지 않고 해야 한다. 내 나라 말도 한 달간만 말하지 않으면 잊고 둔해진다. 하는 양은 개인의 정도에 따라 다르다.

꼭 많은 양을 정할 필요는 없다. 차차 늘려서 해야 한다. 하려는 학생 스스로에 달려 있지, 강조나 강요는 안 된다. 조금씩 해야 하고, 하고 싶은 마음과 정신이 들 때 양을 늘려 끊임없이 해야 한다. 드디어 나의 벽이 깨진다.

영포자가 아닌 영어도사가 된다. 지금까지 영어단어 공부 방식 인식으로는 안 된다. 저자가 제시하는 공부 방식으로 영어단어를 공부해야 한다.

*지금까지(이 방식은 영어단어 가지고 한국어 단어 공부하는 것. 왜?
　　　　　이런 식이야)

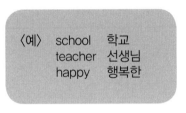

〈예〉　school　학교
　　　　teacher　선생님
　　　　happy　행복한

*저자가 제시하는 공부방식
　우리는 한국사람이니까 한국어 단어 가지고 영어단어를 익히
는 방식이 더 익히기가 좋다는 것이다(이 말은, '한국어로 행복한은
영어로 어떤 소리야?'라고 접근할 때 영어단어 공부가 더 쉽고 재미있다는
것이다).

　물론 눈으로 이해해 가는 영어단어 공부는 절대 안 되고, '입'
으로 꼭 훈련하는 습관만이 영어벽을 깬다. 문법공부는 그 다음.

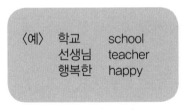

〈예〉　학교　school
　　　　선생님　teacher
　　　　행복한　happy

　나의 벽을 스스로 인정만하지 말고 내 스스로 찾아 능력을 길
러 내면 나의 벽은 깨진다.

05

자주하는 지적, 주의의 말은
자녀에게 독이 된다.

사람이 살아가려면
무슨 일, 어떤 일을 해야 한다.
꼭
생각대로, 마음 먹은 대로
목표달성과 성과를 해내는 경우는 드물다.

실수하면서 생각한 것과 마음먹은 것을 이루어 낸다. 역시 자녀공부의 성과(실력)도 이와 마찬가지다. 실수와 잘못되는 것을 주~욱 지켜보면서 딱 한 번만 격려성 응원하는 말로 주의나 지적을 하는 것이 자녀에게 용기를 북돋아주며, 더 잘 해내려는 마음이 생긴다.

지적이나 주의의 말은 길게 하지 말고 짧고 간단하게, 이해될 수 있는 말로 하는 것이 좋다.

밥 먹을 때 하지 않는 것, 여러 번 하지 않는 것이 좋다. 만약 시도 때도 없이 길게 여러 번 자주하면 자녀 스스로 '무엇 때문에 이렇게 되었나' 하는 고민과 '다음에 어떻게 하지?' 하며 태산

같이 걱정하고 있는데, 불화만 일으키고 부모와 자식과는 불편한 관계만 된다.

자녀가 부모를 멀리하려고 한다.

결국, 자녀에게는 독이 된다.

인생은 노력하는 것이다.

06

···· 저속적인 말 '욕'을 하지 말자 ···

말의 기본은 상대방에게 일반적으로 상식과 전문지식을 나누는 자세로 교양이 있게 표현해야 한다. 물론 감정의 동물인 사람은 감정의 흐름과 기복起伏이 있기 마련이다. 항상 유순한 감정만 흐르는 것이 아니고, 반대로 불순한 감정이 때론 스스로 쳐댄다. 욱하는 듯해 본인 스스로 수 가지의 욕설을 퍼부어대면 욕해 댄 자신은 속이 시원하고 본인의 스트레스를 해소했을지 모르지만, 그 갖은 욕설을 들은 상대방은 마음의 상처, 인격의 손상으로 자괴감에 빠진다.

한편으로 생각해 보면 욕설한 자신도 스스로 인격과 품격에 먹칠을 한 꼴이 되어 참으로 부끄러운 일이다. 사람은 본성이 그것에 대한 보복심리가 작동되어 언제든지 나 자신도 모르게 상대방으로부터 본인이 했던 욕설 이상으로 피해를 본다. 이런 악순환은 개인 간의 원만한 대화와 정서뿐만이 아니라 사회적으로도 건전한 감정순환이 될 수 없게 만든다. 특히 학교생활도 학습에 불필요한 욕설정서로 밝고 유쾌한 학교환경을 저해시키고 있다.

따라서 욱하는 감정폭발로 욕설을 해 상처를 주고받지 말자. 이제 막 성장하고 있는 동식물이 봄 뜰과 여름 뜰에서 자유롭고 순수하게 잘 자라고 있듯이, 우리 학생 여러분도 학교라는 배움의 장소에서나 또 학교 밖에서도 친구들과 대화할 때는 상대방 친구를 존중하는 태도와 이해하는 마음가짐으로 말을 해 가야만 예쁘고 아름다운 인간성을 갖춘 청순한 청소년 학생으로 성장이 된다.

요즈음 성장하고 있는 청소년 학생들이 욕을 하지 않으면 말을 자연스럽게 이어가지 못한다 하니 기성세대로서 마음이 매우 아프다. 물론 기성세대의 대화 속에 '욕설'부터 하는 것이 빈번하게 눈에 띄어 자라나는 청소년 학생들에게 미안하게 생각하고 있다. 이런 환경 탓하지 말고 학생 여러분, 각자가 현명한 마음과 자세로 문제점을 알고 있으니까 저속적인 말 '욕'을 하지 않는 정서로 21세기 4차 산업혁명 시대에 더 건전하고 신선한 사고방식을 갖춘 21세기 주역으로 성장을 바란다.

'욕'을 자주하지 않은 학교환경과 문화를 만들자.
학생 여러분이!

07

·····항상 내 말만 주장하지 말자·····

말을 시작하면 상대방과 내 의견, 생각, 느낌을 서로 교환해서 같이 동일한 사고력을 키워 동의와 동감을 공유하게 되었을 때 서로가 흡족해야 한다.

우리나라 표현문화는 대체적으로 서로 주거니 받거니 해서 이해시키고 일치된 표현 정서가 익혀진 문화가 아니다. 상대방 입장을 고려하지 않고 무조건 내 입장만 말하는 표현사고 방식 때문에 예상치 못한 비이성적인 행동과 말이 비일비재非一非再(한 두 번이 아님)로 반사회적, 반인간적인 일이 우리 주변에 발생되고 있다. 특히 무슨 사건이 생기면 '목소리 큰 사람이 이긴다'는 비합리적인 표현문화가 팽배해 있어 우리는 현명한 한국사람으로서 깊이 심사숙고 해야 한다.

학생 여러분! 내가 의사전달 하고자 하는 것을 간단명료하게 논리적으로 짧게 표현하고, 상대방의 의견을 적극적으로 정성껏 끝까지 듣고, 또 내 의견을 전해서 문제를 해결해야 한다.

상대방의 의견을 들을 때 중간에 끼어들어 말을 하면 복잡하게 문제가 더 문제성 있게 되므로 끼어들면 안 된다. 항상 목소리는 보통으로! 합리적이고 이성적인 표현을 해야 한다.

항상 내 말만 주장하는 생각으로 내 말을 하면 친구들과 어울릴 수도 없고, 잘못하면 왕따 당하고 학교생활도 재미없어지는 지경에 이르게 된다. 또 사회생활도 마찬가지니 늘 내 말만 주장하지 말아야 한다.

인생은 노력하는 것이다.

08

먼저 상대방의 말을
주의 깊게 듣자

학생 여러분!

초등학교, 중학교, 고등학교에 다니는 사람, 학생은 하루 4~7시간을 학교에서 선생님의 말씀과 강의말씀을 듣는 훈련을 받고 있다. 여기에서 듣기의 기본자세를 안내한다. 교과서 강의말씀은 학생 스스로 사전준비(예습공부경영)가 없이는 절대로 선생님의 교과목 지식에 대한 강의를 이해할 수가 없으며, 집중력, 주의력, 이해력도 형편없이 떨어져 듣기훈련이 안 된다.

사전준비(예습공부경영)는 어떻게 하는 것이 좋을까? 지금 대부분의 학생 90% 정도가 사교육, 즉 학원과외를 통해 사전준비(예습인 선행학습)를 했다고 생각한다. 따라서 학교 수업시간에 선생님 강의내용이 재미있고 관심을 갖고 강의 듣기가 좋을 것 같지만, 강의내용을 들어본 것이라 해서 오히려 학교수업에 관심도만 떨어지고 재미가 없어서 수업시간에 모자라는 잠을 청하여 듣기훈련 성과는 밑바닥이 되고 만다.

이 문제해결을 제시한다. 농부가 농사를 지으려면 농부 스스로 농기구로 땅을 파고 갈아야 하고, 씨를 뿌려 가을에 수확을 해내 기뻐한다.

학교 교과서별 국어, 영어, 수학, 과학, 사회를 내일 배울 시간 표에 따라 10번 이상 소리 내어 읽어 본다. 어렵고 모르는 어휘 는 Internet을 통해 해결하든지, 사전을 펼쳐 해결하든지 해야 한다. 10번 이상 읽어낸 교과목은 내용이해로 스스로 듣기훈련 이 잘 된다. 꼭 노트에 요약정리와 수학, 과학은 소리 내 문제풀 이를 해야 된다.

공부는 스스로 해 가는 것이라는 생각이 들어 공부에 취미도 생기고, 학교 선생님의 강의말씀이 학생 본인 귀에 쏙쏙 들어와 학교 가기가 재미있고, 즐겁고, 행복해서 공부는 할만하다. 자신 감이 생긴다. 특히 수학, 과학 문제풀이는 학생 스스로 고민하고 생각을 거듭해서 해결하려고 적극성, 즉 노력을 꾸준히 하면 결 국 스스로 해결해 만족감, 성취감을 갖게 된다. 영어는 다른 나 라 언어라 시작하는 과에 나오는 단어를 충분히 숙지하지 않으 면 해석을 이해할 수가 없다.

문장의 문법적인 것을 자습서를 통해 충분히 이해훈련을 하지 않으면 수업을 따라갈 수가 없다. 제발 수학, 영어를 앞에 제시한 대로 본인 스스로 해보지도 않고 수포자, 영포자가 되지는 말자.

그저 학생의 기본의무는 공부를 열심히 해서 본인 스스로를 기쁘게 해야 하는 것이고, 특히 부모님 및 지원해 주는 분을 기 쁘게 해 드리는 것은 절대적 의무이다. 위와 같은 것을 임하는 자세는 농부가 스스로 농사지어 수확하듯 해야 성공적인 학교공부를 마칠 수가 있다.

학교수업시간을 통해 상대방의 말을 주의 깊게 듣는 능력이 만들어지면 학생 여러분의 예측할 수 없는 미래를 확실하게 개척할 수 있는 자신감도 생긴다.

학교공부를 통해 상대방의 말(선생님의 강의 말씀)을 주의 깊게 듣는 훈련이 잘 되어 21세기 4차 산업혁명 시대에 새로운 아이디어로 달리는 학생 여러분이 될 수 있다.

그리고 상대방과 대화할 수 있는 능력이 생기기도 한다. 논리적 사고력으로 설득력 있게 말을 잘하는 학생 여러분이 될 수도 있다.

인생은 노력하는 것이다.

09

.......'사과'는 신속하게 하자.......

우리가 살아가면서 항상 모든 말과 행동을 건전하고 올바르게 100%로 해낼 수가 없다.

내가 나의 의견과 감정을 말로 하거나 글로 써서 친구나 주변 사람들에게 전할 수가 있다. 직접 행동을 보여줄 때도 있다. 인간의 본성은 두 가지의 양성兩性이 있는데, 그것은 선성善性과 악성惡性이 있다.

사람이 살면서 때때로 두 가지를 사람에 따라 적절히 분출噴出하면서 학교생활에서 친구들과 사회생활에서는 일반 사회인들과 관계를 유지하고 있다.

나쁜 성질을 내면 악성인데, 그때부터 실수와 잘못으로 상대방(1인 및 다수)을 안내하고 행동하여 쌍방이 인정을 하는 상태에 이른다.

아주 신속하게 "내(우리, 저, 저희들) 실수입니다(이다)." 또는 "내, 우리(저, 저희들) 잘못입니다(이다)." 라고 하며 미안하다, 죄송하다(합니다)는 '사과'를 머뭇거리지 말고 표현해야 된다. 이렇게 했을 때 그 상황을 진정시키는 것이다.

　따라서 학생 여러분은 학교나 사회에서 타인과 관계성이 원만해지고 윤택한 인생살이를 유지할 수 있다.

인생은 노력하는 것이다.

10

··감사의 말 표현은 밥 먹듯이 하자··

학생 여러분!

학생 스스로 나는 누구인가 생각해 본다. 나는 이 세상에서 적게는 학교 친구들과 많게는 일반 사회인들과 항상 만나고 대면해 대화를 하고 마음과 마음을, 어떤 물건과 물건을 거래하면서 생활하고 있다.

오늘날까지 내가 존재해 있는 것은 첫째로 '부모님의 애정과 뜨거운 마음' 덕분이라는 것을 학생 여러분은 늘 느껴야 한다. '감사합니다'를 마음에만 담아놓지 말고 위와 같은 부모님의 마음이 이해가 되면 즉시 '입'으로 "감사합니다."라는 자주 말을 해야 한다.

학생 여러분들은 학교에서 선생님들과 만나 교육을 받고 본인의 인생 진로상담과 여러 보살핌으로 성장하고 있으니까 즉시즉시 "감사합니다."라고 하고, 이 말을 입에 달고 학교생활을 하면 본인 스스로 행복한 학교생활을 영위할 수가 있다.

물론 친구들한테도 "고마워", "감사해."란 말로 학교생활을 하면 한껏 즐거움에 빠지면서 공부도 더 잘하게 된다.

학교에서 선생님들과 친구들과 "감사합니다."란 말이 생활화되면 일반 사회생활에 있어서 예의 바르고 마음씨 따뜻한 학생으로 인정을 받는다.

21세기를 이끌어 갈 주역인 학생 여러분!

4차 산업혁명 시대에 보다 건전하고 합리적인 사람이 되기 위해서 서양 표현문화처럼 '감사합니다'를 여러분 세대에서는 '입'에 달고 살아가면 좋겠다.

'감사합니다' 표현문화를 생활화하면 학생 여러분 각 개인은 교양 있는 사람으로 인정되면서 인격과 품격이 높이 올라간다.

인생은 노력하는 것이다

11

···나의 존재가치가 있다고 말하자···

첫째는 친구들과 일반 사람들 사이에 나의 인간성(인간을 인간답게 하는 것)이 아주 풍부해 참된 사람으로 인정을 받으면 그 사람의 가치가 올라간다.

사람이 살아가면서 제일 첫째 덕목은 윤리적 사고력과 도덕적 사고력으로, 정말 많이 본인의 내면과 정신세계에서 두레박질 할 수 있어야 이 또한 그 사람의 가치가 올라간다.

둘째, 사람은 전문지식이나 전문기술을 공부를 통해서 문과 전문가(학자, 선생님, 판사, 검사, 의사 등)로 이과 전문가(학자, 선생님, 건축설계사, 기술자, 기능인 등)로 성장해서 국가 사회에 활동해서 그 값을 기여하면 그 사람의 가치가 올라간다.

나의 존재가치를 내세우려고 하면 가장 먼저 첫 번째 인간성을 차차 길러내는 노력이다.

두 번째 학교에서 전문지식을 배워 전문 기술자, 기능인으로 개인 스스로 노력해 성장시켜야 한다.

사람이 일생을 살아가는 데 그 존재가치는 그 사람의 빛이 발광發光되었을 때 여기저기서 사람들이 좋아해 주는 것이다.

12

내가 대접받고 싶으면
먼저 상대방을 대접해 주자

인생살이는 공짜로 얻어지는 것은 없다.

사람관계에서 특히 그렇다.

내가 먼저 나의 봉사와 정성을 다한 내 마음을 상대방에게 제공해야 한다.

학생 여러분, 친구 사이에도 나보다 친구를 이해하고 접근하며 도울 일이 있으면 서슴없이 나서서 친구를 도와주어야 한다. 사람의 경우의 수라는 것은 변화무쌍變化無雙하고 나에게도 여러 경우가 발생할 수가 있다. 이때 친구가 나서서 나를 챙기고 도와주고 나를 이해해 주며 따뜻하게 대접해준다.

항상 친구에게 관심과 사랑을 쏟아내 주면 친구는 늘 고마워하면서 나를 다시 쳐다보며 서로서로 학교생활이 재미있다, 즐겁다, 행복하다, 마음속으로 소근소근거리며 학교를 잘 다니게 된다. 또 멋진 사회인으로 성장하게 된다.

13

········· 양보를 생활화 하자 ·········

우리나라 대한민국은 현재 사람과 사람이 만나고 마주치는 일이 생기면 웃으며 헤어지는 것이 아니라, 상대방을 고려하지 않고 나부터 생각하고 상대방 때문에 내가 이 지경에 이르렀다고 '화'를 버력 내는 피곤한 생활문화가 너무 팽배해 긴장감 있게 사회생활을 할 수밖에 없다.

각자 여유롭게 대처하는 능력이 상당히 길들여있지 않다.

학생 여러분! 학교에서 친구들과 어울림이 정말 중요하다. 어떤 일이 발생하면 친구에게 먼저 양보하고 '그다음에 내가' 이런 양보미덕美德을 친구 각자가 학교생활에서 쌓으면 학생 여러분들이 졸업하고 사회에 나와 사회인으로 활동할 때 양보미덕으로 무장된 훌륭한 사람으로 칭찬이 자자할 것이다.

또한, 국가 사회생활이 명랑해지고 사람을 아끼고 존중하는 건전한 미풍양속美風良俗이 형성된다.

따라서 양보의 미풍양속 trend가 일반화되어 밝고 유쾌하고 명랑한 사회 때문에 학생 여러들은 21세기 주역으로서 기분 좋게 생활을 할 수 있다.

14
사랑의 씨앗을
스스로 만들어 내자

인류가 오늘날까지 살아 있는 것
정신적인 자산이 있어서
그것은?
세상 모든 동·식물들을
아끼고 위하는 따뜻한 마음이

만물의 영장인 인간이 사는 사회에는
현재 할아버지, 할머니, 아버지, 어머니,
형제자매, 일가친척들에게
동네 친구, 학교 친구, 동창들, 많은 스치는 사람들
같은 직장 회사원 등에게
아끼고 위하는 따뜻한 마음이

그 마음을 바로 사랑의 씨앗이라고 말한다.

사람은 자라는 그의 환경, 특히 부모님으로부터 사랑의 씨앗을 한 웅큼, 한 자루, 한 가마니를 각각 다른 양을 받고 성장한다.

어떤 양의 종류를 마음(가슴)에 담고 있느냐에 따라 학교 생활에서 학생으로서 사회 생활에서 사회인으로서 사람의 진가^{眞價}(참된 값어치)가 나타난다.

학생 여러분!

물론 부모님으로부터 많은 양의 사랑의 씨앗을 받았으면 참으로 좋지요.

하지만 사람은 스스로 '정신적 관리 상태'를 조절하는 능력이 있다. 자라온 탓하지 말고 학생 스스로 하루 두세 번씩 사랑의 씨앗을 만들어 학생 여러분들의 마음의 곳간에 저장해 보세요.

학생 스스로 주변과 학교생활, 사회생활에 그 사랑의 씨앗을 뿌린다면 환하게 밝아지면서 학교에서 일어나는 폭언, 폭행, 왕따가 사라지고 지식공부인 학교 공부가 재미있고, 즐겁고 실력이 몰라보게 향상된다.

변함없이 늘 사랑의 씨앗을 뿌려 대인관계가 무난하고 원만하게 되어 21세기 4차 산업혁명 시대에 주역으로서 사랑이 넘치는 사회환경을 만들어 지금보다 더 좋은 사회환경을 만들기를 간절히 소망한다.

15

········ 행복의 마음을 기르자 ········

학생 여러분!

우리 사람들은 살아있는 동안 개인마다 삶의 목표를 향해서 활동해야만 한다. 심리心理(마음의 움직임)적인 욕구가 충족充足되어 조금도 부족감이 없는 상태로 항상 있어야 개인생활과 학교생활이 유쾌하게 되어 간다.

우리가 흔히 말하는 행복이라는 단어는 학생 각자에게 있으며, 이 심리적 소재인 행복을 어떻게 만들고 관리하고 유지해야 할 것인가를 제시한다.

우리 스스로가 주어진 환경을 탓하며 '나는 왜 이렇게 늘 이모양 이꼴로 되어있어.' 하며 조금도 행복하지 않다고 스스로 깊은 한숨을 쉬며 한탄만 한다.

나의 존재가치는 가족과 일가친척, 학교 친구들, 이웃 때문에 빛을 내고 있다.

이 가치를 학생 각자가 유지하도록 노력을 끊임없이 해야 더욱 존재가치가 상승한다.

따라서 노력에 따른 행복의 모양이 △○◁□◠▯▽○⬠ 이런 도형으로 본인도 모르게 나타났다면 각자 스스로에게 주어진 하나의 행복도형을 갖게 된다. 이것을 학생 각자가 만져 보며 즐겨야 한다는 것이다.

행복감을 느끼기 전이나 행복감을 느낀 후에 심리상태가 심하게 파동을 치면 반대로 모양은 ✦✧✦✧✦✧✦✧✦ 이런 도형 모양으로, 각자 스스로에게 선택하도록 하나를 강요당한다. 이는 사람 자신(학생 자신)이 행복 모양을 불행하다고(자신에게 불만, 남탓) 자신을 탄식하면 도형의 모습이 위에 있는 뿔이 난 도형모습으로 바뀐다는 것이다. 따라서 선택모양인 행복의 마음을 크게 아주 작게 모양의 변형^{變形}(바뀐 모양)은 본인(학생)이 만들고 관리, 유지하는 것이지, 남 때문에(남탓)라는 이유 댈 필요가 없다.

학생 본인의 인생 자동차의 운전자는 절대적으로 학생 본인이다. 따라서 행복감(행복의 마음)은 학생 각자 스스로에게 있지 남이 만들어 주지 않는다는 것이다.

21세기 4차 산업혁명 시대의 주역인 학생 여러분! 행복한 마음을 길러내 행복감이 넘치는 세상을 만들자.

16

이 세상 모든 일은 내 마음대로
내 생각대로 되지 않는다

사람은 누구나 일상생활^{日常生活}(날마다의 생활)과 책임생활^{責任生活}(도맡아 해야 할 임무로 생긴 생활)로 하루 또는 평생을 살아내야 한다.

일상 생활들(교통수단 외 수만가지 일들이 있음)이 있다.

목적지로 가는 노선버스, 지하철

기다리는 시간을 경험해 보았다면

또 자가용을 이용해 목적지를 빨리 가고 싶은 마음으로 교통체증이 발생했다면

책임생활(학교 공부 외 일반 사회조직, 개인이 이루려는 목표들)도 우리에게 있다.

학생 여러분!

여기에서는 학생의 공부 실력(성과)에 대해 학교에서 시험을 치루었다면 결과가 나온다.

항상 예상과 다르게 매번 경험해 보았다면

학생 여러분은 일상생활과 책임생활을 지금 하고 있지요. 각

개인의 마음대로 또 생각대로 되어집니까? 아니올시다. 말들을 할 것이다.

이 세상 모든 일은 내 마음대로, 내 생각대로 처리(해결)되는 경우는 100% 중에서 대개^{大概}(그저 원만한 정도로) 10~20% 정도이다. 쉽게 설명하면 10번 중 1~2번 정도라는 것이다.

다만 학생 여러분의 학교 공부 실력(성과는)은 개인마다 과학적이고, 규칙적인 개인 공부 생활을 저자가 주장하는 삼박자 공부 경영인 예습 공부 경영, 학교 강의 듣기 공부 경영, 복습 공부 경영으로 철두철미^{徹頭徹尾}(처음부터 끝까지 투철함)하게 노력했느냐에 따라 다르기 때문에 꼭 10번중 1~2번 정도가 아닐때도 많이 있다.

생각대로 마음대로 이렇게 확률^{確率}(어떤 사상에 일어날 확실성의 정도를 나타내는 수)이 낮은것이 세상 돌아가는 이치^{理致}(사물의 정당한 조리, 도리에 맞는 취지)이다.

21세기 4차 산업혁명 시대 주역인 학생 여러분!

세상 돌아가는 이치를 깨달았으니 노력하며 신나게 재미있게 살아갑시다.

17

실패(잘못된 것)를
두려워 하지 마라

우리가
지금 말을 잘 하고 있다고 믿음직해 하는 것은
말을 배울 때 셀 수 없을 정도로
말을 더듬더듬 했고
정신이 불안불안 했고
첫 마디 말하기가 어려웠고

어느날
걸음걸이가 잘 되는 것도
한 번도 아닌 여러 번
넘어져 보아서

지금
우리가 정상적으로 일상생활을

잘 해내는 것은
여러 번 잘못해 보아서
학교에서
지식공부를 내 욕심껏 해 실력을 뽐냈다면
실력을(성과를) 생각대로 마음대로
여러 번 해내지 못했기 때문에

따라서
실패(잘못된 것)의 과정은
사람이 살아가는 동안
음식을 만들 때 양념이 필요하듯
실패는 삶에 있어서 중요하고 소중한 양념이다.

실패(잘못된 것)의 양념이
우리에게 없다면

우리의 유쾌한 학창시절이 없고
우리의 장래에 희망과 성공이
없을 것이다.

언제나
학생 여러분은 혹시 실력을 마음껏
발휘하지 못해 실패라는 단어가

앞에 놓였다면 실패의 원인이 무엇인지
과학적(면밀히 혹은 자세히)으로 분석하는
습관을 길들이자.
실패의 경험이 많을수록 성공의 열매를
따먹기 쉽다.

여러분의 장래에 반드시 성공이 있을 것이다.
믿어 보세요!

인생은 노력하는 것이다.

18

···· 실력만 사람의 평가는 아니다 ····

이 세상에 약 73억이라는
어마어마한 인구가 살고 있다.

어떤 분야라는 것이 수만 가지가 있다.
한 분야에 필요한 사람을 뽑으려면
그야말로 엄청난 사람들이 모일 것이다.
제한된 인적자원을 선발하려면 실력으로 가려내야 한다.

이 세상은 경쟁이 항상 있는 환경이라는 사실 앞에 실력이라는
단어를 우리 사람은 평생 지울수가 없는 입장이다.
사람마다 어느 한 분야
전문지식과 기술로 인정을 받으려면
실력으로 우선 평가를 할 수밖에 없다.

사람 노릇 하려면
현실적인 도덕, 윤리, 양심이 있는 인간성이 앙양^{昻揚}(높이 쳐들어

드날림)이 된 인문주의^{人文主義}와 앞서 말한 실력이다.

이 세상이 무질서하고 혼란스러운 것은 각종 폭언, 폭행, 살인 등의 비인간적인 사고력 때문이다.

이런 현상은 '인간을 인간답게 하는' 교육이 아주 부족했던 것이며, 오로지 실력만 강조한 '실력평가주의'의 폐해^{弊害}(폐가 되는 나쁜 일)다.

양질의 정신문화는 인본주의^{人本主義} = 인문주의의 교육인, 즉 인간이 됨, 인간성이 밑바탕으로 되어야 한다.

이 세상의 평화와 행복은

타산^{打算}(이해관계를 셈쳐 봄)해 본 결과물인 실력^{實力}만이 아니고 윤리성과 도덕성을 잘 갖춘 인적자원을 교육하는 인문주의^{人文主義}이다.

따라서

도덕적 사고와 윤리적 사고가 풍족한 사람이 더 좋은 실력이 있는 사람으로 평가받을 수가 있다.

19

공부의 실력보다
사람의 향기가 나는 꽃을 피우자

칭찬하면서 살아야,

친구들의 관심사에 공감하는 능력을 길러야,

소통하는 기술을 익혀야,

나의 벽을 깨는 능력을 만들어야,

자주하는 지적, 주의의 말은 자녀에게 한 번이나 두 번으로,

저속적인 말 '욕' 하지 말아야,

항상 내 말만 주장하지 말아야,

먼저 상대방의 말을 주의 깊게 들어야,

'사과'는 신속하게 해야,

감사의 말 표현은 밥 먹듯이 해야,

나의 존재가치가 있다는 말을 해야,

내가 대접받고 싶으면 먼저 상대방을 대접해 보여야,

양보를 생활화해야,

사랑의 씨앗을 스스로 만들어 내야,

행복의 마음을 길러 내야,

이 세상 모든 일은 내 마음대로, 내 생각대로

되지 않는다는 것을 인정해야,

실패(잘못된 것을)를 두려워 하지 말아야,

실력만이 사람의 평가가 아니라는 것을 알아야,

먼저 앞서 말한 여러 가지를 평소 일상생활에서 실천해 사람의 향기가 풍기는 꽃을 피울 수 있는 정신상태를 갖추어야 한다.

이때 더하고 싶은 공부를 해 실력을 쌓자.

공부하기 싫으면 하지 말고, 해야겠다는 정신상태가 만들어지면 끝장을 보아라.

실력이 눈부시게 향상된다.

인생은 노력하는 것이다.

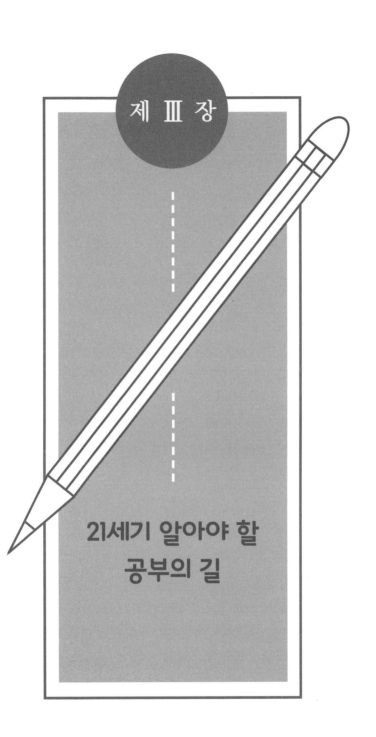

제 Ⅲ 장

21세기 알아야 할
공부의 길

01

실력은 교과서가 너덜너덜 해질 때

사람은 평생 의식·무의식 속에서 공부를 하면서 살아간다. 물론 학생의 배움은 의식적으로 만들어 낸 지식 내용을 공부해야할 의무와 책임이 주어진다. 스스로 선택보다는 배워야 할 시기때문에 학교 공부를 할 수밖에 없다.

사람은 1인 및 다수와 만나면 상대방과 실력을 겨뤄야 한다. 특히 학교에서 배운 것들로 말이다.

학교에서는 반 친구들과 같은 학년 친구들과 배우고 있는 모든 과목의 평소 배운 지식을 얼마만큼 알고 있는지 Test하게 된다. 학생은 주어진 의무와 책임을 잘해 내려면 어떻게 하는 것이좋을까?

먼저 학생의 공부 기본 자세와 정신이 절대적으로 필요하다.

첫째, 언제든지 자신에게 다른 사람이 교과서 학습 내용을 물어보면 자신감 있게 답변을 잘 할 수 있는 실력을 쌓아 놓아야한다는 정신이다.

둘째, 매일 꾸준히 시간표대로 정성껏 공부를 해야 한다는 자세다.

셋째, 1등 목표 혹은 5등 안에 꼭 달성이나 들어가야 한다는 집념은 갖지 말자(단, 학생 현 실력에 따라 할 수도 있음).

학생은 교과서를 접하고 그 속에 있는 지식을 학생 본인 것으로 만들어 실력이 있다고 말을 할 수 있는 학생으로서 다니는 학교 같은 학년 친구들이나 전국적으로 같은 학년 친구들과 겨루어 항상 학생 자신의 실력을 알 수 있어야 한다.

이것 때문에 '공부를 어떻게 할까?' 하며 아이디어가 나와 실력을 향상시킬 수 있다.

실력을 어떻게 쌓을까?

첫째, 국어, 영어, 수학, 과학, 사회 과목들의 교과서를 10번 이상 알 때까지 배울 내용을 정성껏 성실히 소리 내 읽어 직접(간접적인 방법: 학원, 개인과외 절대 안 됨) 사전준비(예습 공부 경영을)를 해야 한다. 수학, 과학 문제도 연필을 들고 말하면서 직접 알 때까지 연습한다.

위와 같이 해서 실력이 늘고 있는지 확인도(스스로 감지도) 안 해 보고

"이 공부하기 싫어!"

"정말 짜증나!"

"왜 이렇게 공부가 안 돼!"라고 불평불만하지 말자.

실력(성과를)을 못 내면 의욕상실로 공부할 맛이 떨어지는 것은 사실이다.

일단은 교과서가 너덜너덜(10번 이상)해지도록 해서 교과서와 친

구가 되는 듯하면 학교 공부할 맛도 나고 더 열심히 하게 된다.

이 정도에 이르면 학생 스스로 내 실력이 있다고 자신감이 생기고, 내 인생목표를 확실히 세워 가는 추진력도 갖추게 된다.

학생 본인 스스로 생각할 때 내 실력이 있다고 자랑할 정도면 교과서 다음 책(이 책도 10번 이상)을 선택해 공부를 하면 더욱 실력이 향상되고 공부하는 기술도 늘어 학교생활이 재미있고 학생의 장래가 훤하게 보인다.

(※ 공부하고자 하는 책 10번 이상 정성껏 읽어내면 국가 사회에서 시행하는 시험은 아무리 경쟁률이 높아도 100% 합격! 단, 개인마다 운과 운명에 따라 합격이 안 될 수가 있다.)

인생은 노력하는 것이다.

02

···· 도대체 공부란 무엇인가? ····

사람이 이 세상에 태어나면 이것, 공부를 피할 수 없다.

첫째, 넓은 의미의 공부라는 것은

세상에서 사람이 접하는 모든 것을 배우는 것이라 말할 수 있다.

A. 아기일 때 엄마 아빠로부터

　　먹는 것, 말하는 것, 행동하는 것 등등.

B. 부모로부터 떨어졌을 때

　　친구나 사회의 모든 현상을 보고 익히는 것 등등.

C. 학교나 직장에서, 사회생활에서 끊임없이 배우고 다듬고 해서

　　각자의 것으로 만드는 것 등등.

태어나서 죽을 때까지 공부라는 것(배우는 것).
환경 속에서 있는 것이 인간의 근본 임무이다.

둘째, 좁은 의미의 공부라는 것은
세상에서 사람이 객관적으로 각자의 실력을 드러낸 자질과 능
력, 많은 지식과 지적인 지혜를 갖춘 각자 사람의 모양이나 힘으
로 나타낸다. 피할 수 없는 것으로 반드시 각자의 노력으로 해내
야 한다.
넓은 의미의 공부는 보편적 일상생활에서 사람이라면 누구나 하
게 된다.
여기서 강조하는 것은
좁은 의미의 공부를 말한다.

學 而 時 쬅 之 不 亦 說 乎
배울(학) 말이을(이) 때(시) 익힐(습) 갈(지) 아니(불) 또(역) 기뻐할(열) 어조사(호)
(배 우 고 때 때 로 익 히 면 또 한 기 쁘 지 아 니 한 가)

좁은 의미의 공부인데 이것은 각자 취사 선택^{取捨選擇}(본인이 가려서 집어내는 것)하는 것이다. 즉 책을 통해 일반적인 지식과 전문적인 지식을 배워가는 과정들이 공부다. 생각만큼 쉽게 대충 과정을 밟아서는 절대로 그 지식을 각자의 것으로 만들 수가 없다.

짜임새 있게 자율적으로 연습이나 반복을 수도 없이 해야 각자의 인생 목표를 달성할 수 있다. 특히 학교 공부에 있어서는 자동차도 4차 산업혁명 시대에 인공지능(AI) 자율주행자동차로 발전되듯이 학생 각자가 공부지능(SI: Study Intelligence)을 의도적으로 공부 생활에 습관화 해야 한다.

사람은 일생동안 지식공부(책을 통해서) 때문에 고통스러워 한다.

학생들은 학교공부(지식공부)를 성공적으로 해내기 위해서는 공부지능(SI)인 3박자 공부 경영지능(1박자 예습공부 경영지능, 2박자 강의 듣기공부 경영지능, 3박자 복습공부 경영지능)을 자기 주도적으로 해내지 않으면 흔히 말하듯이 인간사회에서 우뚝 설 수가 없다.

공부는 인간사회에서 잘 살아내고 이겨내고 하기 위해서는 절대적으로 필요 충분 조건이다.

꾸준히 지속적으로 책과 친해지고 부지런히, 열심히 하지 않으면 공부라는 의미를 모르고 일생 동안 고민만 하다가 책을 통한 성공적인 삶을 못 만들고 만다.

03

공부지능
(SI : Study Intelligence) 이란?

 저자가 세계 최초로 연구 개발한 학문적 용어이다.

준비 공부 경영인 예습지능, 강의 내용 듣기 공부 경영인 강의 듣기지능, 마무리 반복 공부 경영인 복습지능 세 가지 지능이 지식 공부하는 사람(학생)에게 필요 불가결한(없어서는 안 될) 필수적인 지능들로, 이것을 공부지능(SI)이라고 한다.

이 공부지능(SI)은 학생 각자(스스로) 공부 생활에서 의도적으로 습관화 할 때 공부의 재미와 흥미를 일으키며 4차 산업혁명 시대에 창의적인 융복합형 사람으로 성장시킬 수 있다.

공부지능(SI)인 예습지능, 강의듣기지능, 복습지능을 생활화, 습관화 하여 '자율 주행 공부 학습 능력'을 길러내자.

인생은 노력하는 것이다.

04

········ 공부의 주인공은 나다 ········

이 세상에

내가

존재하고 숨을 쉬고

여러 사람들 속에

내가

있다

그냥 하는 일들, 환경 다 익히고 배워야 한다

공부라 하네.

특히

학문을(책 속에 있는 지식들을) 하는 것

내가 해야 한다. 이 또한

공부라 하네.

이것도 스스로 깨달아야 한다는 것이다.

아니

누가, 누구나 나서서 지금 해야 된다고

말을 하고 시키고 강요하는 것으로는
절대 안 된다.

공부해라 공부해라 하면 할수록
공부해 볼까 하다 더 나한테 멀어져
책 속은 책장을 내가 알아서
넘기면서 광부가 금을 캐듯 뜻을
알아 알아 내 머릿속에 담아질 때마다
'공부의 주인공은 나다!'라고 자부한다.
자랑한다. 신나게 날뛴다.
재미있어서 날뛴다, 행복해
내 실력이
내 전문이
이것이라고 세상 속에서
겨루어내면서
'공부의 주인공은 나다!'
나 자신을 믿음직해 한다.

05

····공부가 인생의 전부는 아니다····

사람은 타고 난

성격, 성질, 재능, 재주, 끼, 예술, 지능이 있다.

꼭 좋아하는 것

　싫어하는 것

　마음에 드는 것

　마음에 들지 않는 것

세상 속에서 일반적으로 삶을 유지하기 위해

넓은 의미의 공부는 다 하게 된다.

책을 붙들고 지식을 쌓은 공부는

타고난 것들로

해내야 하니

꼭 공부를 해야만 살아갈 수 있다고

말할 수 없다.

타고난 것들 중에

사람마다 통계적으로 본인에게 많은 것들로

스스로 깨달아질 때 어느 한 분야 전문

기술로 익혀 잘 살아 낼 수 있다.

공부하라 성화 성화 이것도 저것도 안 될 수
있으니
꼭 책을 통해 공부해서 흔히 말하는 출세해라
출세해라 안하는 것이 좋다
남달리 책으로 지식을 본인 것으로 출세하면
좋지
남에게 피해 끼치지 않고 어울려 배려하고
양보하고 '인간다움'으로 살아가는 사람으로
되는 것도 좋지.
꼭 책으로 학문을 하는 공부
이것
공부가 인생의 전부가 아니다.
꼭
학생이 공부를 해보겠다고 달려들 때까지
기다려야 한다.

06

······ 공부는 하고 싶을 때 하라·······

사람은

때가 있다.

말로 다 말할 수 없는 '때' 때문에

사람이 살아간다.

그중에

배고플 때

잠자고 싶을 때

여행가고 싶을 때

생리적, 감동적 기분, 감성이 있어야

정신과 육체가 유쾌하게 움직인다.

공부도 이와 같은 것으로

이를테면

공부는 하고 싶을 때 하라.

책을 잡고 공부하는 것

만만치 않고 녹록하지 않기 때문에

또

쉽게 하는 것도 아니다.

07

……공부하기 싫으면 하지 마라……

우리가 살아가면서

하던 것들 중에 좋은 마음과 싫어지는 마음이 생긴다.

하여튼

그 수많은 가지가지

우리의 삶속에 해내야

살아간다.

그러나

그 맛있는 고기도

그 입고 싶은 옷도

그 재미있는 그림들도

그 읽는 재미가 쏠쏠한 동화책도

그 전문 지식들은 공부해 지식을

얻는 즐거움도

마음으로 싫으면

통쾌히 중단하고 집어던져 버려라

마음과 정신세계는 가끔 요동치기 때문에

고요히 진정되고 편안한 상태가 되면
즐겁게 공부할 수 있기 때문에.

學　而　時　習　之　不　亦　說　乎
배울(학) 말이을(이) 때(시) 익힐(습) 갈(지) 아니(불) 또(역) 기뻐할(열) 어조사(호)
(배 우 고　때 때 로　익 히 면　또 한　기 쁘 지　아 니 한 가)

08

······ 살아나가는 것 쉽지 않다 ······

이 세상에 태어나면

이 세상 모든 것은 나 스스로 해내야 한다.

나를 대신해서 하는 것은

내가 아플 때

사회적으로 전문지식이나 기술이 꼭 필요할 때

직접 운전을 안 할 때

이런 것들 말고는 없다.

나의 성장은 육체적 정신적 내용들로

잘 먹고 훈련해야 하고

책을 수도 없이 잘 읽어내 전문지식을 쌓아야 하고

사람들과 관계 속에서 사람다운 사람(항상 사람들과 같이 살아내야

하기 때문에 상대편을 먼저 생각하고 배려, 양보, 겸양 지심, 감사, 사과 등

인문학적 그릇을 갖추어진 사람)으로 된 것을 말한다.

사람은 정신적, 육체적 성장으로 생존 경쟁에서 인정받을 수 있

는 '나'라고 들을 수 있을 때까지 끊임없이 꾸준히 '노력'이 반드

시 필요하다. 게으르면 되는 것 아무 것도 없다.

　그냥 대충대충 적당히 해서는 인간 사회에서 살아나가는 것 쉽지 않다.

學 而 時 習 之 不 亦 說 乎
배울(학) 말이을(이) 때(시) 익힐(습) 갈(지) 아니(불) 또(역) 기뻐할(열) 어조사(호)
(배 우 고　때 때 로　익 히 면　또 한　기 쁘 지　아 니 한 가)

09

········ 사람은 도전해야 산다 ········

사람마다 각자 타고난 소질과 만들어 낸 실력이 있다.

누구나 일등이 되고 싶은 마음은 있다.

다만 그런 것뿐이지 그중 한 사람

사람이 살아가면서 꼭 일등, 일류에 목표 가치를 두고 있을 필요는 없다.

숫자를 1에서 100까지 써 내려 100으로 완성 된다면 '1'은 하나뿐이며, 그 나머지 숫자도 똑같이 훌륭한 값이 있다. 사람은 누구나 평등한 값어치가 있는 인격체이고 능력이 그 나름 있기 때문에 '2'도 '55'도 '100'도 그 자리에 그 값을 해내야 1에서 100까지 조화와 어울림으로 멋지고 아름다움이 있다.

사람은 누구나 열심히 부지런히 정성을 다해 인생의 목적의식을 갖고 매일매일 노력하면 자기도 모르는 사이에 일등, 일류에 도달해 와 있을 수 있다. 아니면, 그 나름대로 그의 인생길은 탄탄대로의 길이 또 있다.

도전도 노력의 값으로 완성되는 것이다.

사람은 항상 새로운 것에 도전해야 산다.

10

..... 부모님이 '생각하는 자식', ...
나는 나야

✏️

    부모님이라는 말은 결혼해서 자식을 낳았을 때 듣게 된다.

    아이를 낳으면 신기하고, '세상에 가장 소중한 내 새끼야.' 하면서 마음에 새기게 된다.

    그리고 여러 하는 짓에 귀여워하면서 사랑을 한없이 쏟아 낸다.

    내 자식이니까 남과 달리 잘 키워내야지 다짐한다. 각종 교육에 위탁해서 교육하고 부모님의 인생 경험으로 교육한다. 부모님과 자식은 챙기는 교육자와 챙김을 받는 피교육자 사이로 발전해 버린다. 흔히 말하는 갑과 을의 관계로 놓이게 된다. 돈을 투자하는 부모님과 그의 혜택으로 목표를 노력해 이루어내야 하는 자식으로서 마음이 고단한 상태에 있다고 할 수 있다.

    사람은 스스로 목표만큼 달성할 수가 없을 때가 다반사茶飯事(예사로운 일, 일상 있는 일)다.

    부모로서 자식에 대한 교육의 열정은 이웃 부모보다 둘째가라면 서운할 정도다.

이런 것으로 부모의 고정 교육관 속에서 자식을 성장시키려고 노심초사^{勞心焦思}(애를 써서 속을 태움)한다.

자식은 부모 뜻대로 성장하지 않을 수 있다.

이미 부모님도 자식과 같은 청소년, 청년 시절을 거치지 않았는가? 부모는 하고 싶은 말이 많아도 자식이 지금하고 있는 것에 대해 끼어들지 말고 늘 한마디 조언으로 끝내야 한다.

같은 말을 여러 번 하면 아니함만 못하다.

그리고 "얼마나 고생스럽고 힘이 드니?"와 같은 위안과 격려의 말씀이면 충분하다.

그 자식은 위로와 격려의 힘이 보태져 불끈 더 용기를 내 용솟을 것이다.

자식의 미래 지향점은 자식이 현재, 사회 Trend(방향, 동향, 추세)를 보고 느끼고 미래사회(4차 산업혁명 시대) 예측을 더 잘 파악하고 있다.

지나친 부모님의 관여는 자식의 삶에 막대한 지장만을 초래한다.

저자가 몇 달 전에 지하철을 타려고 들어가는 입구에서 이런 광경을 보고 감동하여 여기에 옮겨 본다.

네 살쯤 되어 보이는 여자 아이가 길바닥에 앉아서 본인 생각과 의사대로 안 되니까 앙앙 소리 내 울면서 양발로 상처를 입을 정도로 움직이며 떼를 쓰는 것이었다. 그 옆에 30대 엄마는 아이 한 명을 등에 업고 이럴 수도, 저럴 수도 없다는 표정으로 내려다보고 있었다.

엄마 말씀, "어서 일어나 가자." 전혀 안 들었다.

그 아이는 더 세차게 더 큰소리로 울고, 그 바닥에 두 발로 떼쓰는 강도만 높아졌다. 내 말을 좀 들어 달라는 듯이 꿋꿋해 보였다. 공공장소라 엄마가 큰 소리로 주의를 줄 수도 없었다.

물끄러미 엄마가 보고 있는 것이 안쓰러운지 그 아이는 스스로 진정되어 엄마 손을 잡고 엄마의 목적지를 향해 모녀라고 뒷매김을 보이면서 갔었다.

이때 이 저자가 느낀 것은,

'그 네 살 박이 아이도 어엿한 하나의 인격체로서

확실히 의사표현을 하는구나,

생각을 갖고 있구나,

자기 나름 살아가는 방식이 있구나.' 하는 생각이 들었다.

'부모라 해서 꼭 부모 생각대로 이끌면 안 되겠구나.' 나를 또한 되돌아보게 했었다.

부모는 자식과 혈연관계를 떠나 자식을 엄연한 하나의 독립된 인격체인 사람으로 나이에 관계없이 자식을 적극적으로 인정해 주어야 한다.

그 광경은 부모가 생각하는 자식은 혈연적인 자식이고 나는 그냥 '나'라구요 하였다.

11

···4차 산업혁명 시대에 공부의 길···

인간 세상의 변화는 우리가 먹고 자고 입고 하는 것들로, 이를 만들어내는 분야인 산업에서 발생한다. 이런 산업들은 최초 1차 산업혁명(농업, 임업, 어업), 2차 산업혁명(제조업), 3차 산업혁명(서비스업), 21세기 현재에 이르러서는 4차 산업혁명[(인공지능: AI) Big Data 사물 Internet(IoT) 로봇기술, 생명과학이 주도하는 차세대 산업은 기계나 제품이 지능을 갖게 되고 Internet Net Work로 연결되는 것을 뜻한다]으로 발전되면서 인간생활이 더 급변화 된 문명과 문화 환경에 진입하고 있다.

인간 사회란 경쟁구도로 짜여 있기 때문에 전문분야 하나에 실력을 쌓아 놓아야만이 생존하기가 더 낫다(다만, 전문지식을 갖추기 전에 '사람다움'으로 인문학적 인간이 먼저 되어야 한다). 사람은 학교에서 지식교육으로 배운 실력을, 독자적으로 전문 서적을 통해 실력을 내놓아야 한다.

특히 학교 교육에서 지식을 습득하는 효과적인 방법을 말할 것이다.

학생들 스스로 자기 주도적, 자율적 공부 습관화만이 4차 산업혁명 시대에 생존 전략이고, 학생의 성적, 실력을 지속적으로 향상 시킬 수 있는 방법이다. 공부지능(SI)을 꾸준히 했을 때 학교생활을 편하게 유지할 수 있다. 공부지능(SI: 저자가 세계최초 연구해 낸 학문적 용어)은 '제Ⅱ 공부의 Sunshine들 제대로 알고 하자 공부를, 3. 공부지능(SI : Study Intelligence) 이란?'에서 그 개념을 설명했다.

단순히 남이 지도하고 가르쳐 준 지식(학원에서 선행학습, 개인 과외 학습 등)을 받아 챙긴 학생의 지식수준으로는 경쟁이 더 치열해진 4차 산업혁명 시대에 살아나기가 힘들다.

공부지능(SI)으로 꾸준히 학생 스스로 머리를 쓰며 학교 공부를 해내는 습관을 길들여 내야 한다. 이런 학생은 본인 스스로 정신적인 자아(나 자신) 훈련이 되어 있어서 창의적인 4차 산업혁명 시대에 적응해 살아나기가 수월하다.

공부할 때는 지도하고 가르쳐 준 유일한 '학교 선생님'만의 교과서 교육 안내를 받고(강의를 듣고) 본인 스스로 준비예습, 마무리 복습을 반복적으로 매일 열심히 할 때 공부의 길이 닦아져서 희망의 길로 만들어 진다.

4차 산업혁명 시대에 확실히 성공적인 사람으로 성장됨을 믿어 의심치 않는다.

12
지금까지 우리나라 교육방법의
패러다임(Paradigm)

현재 우리나라 대한민국이 경제성장과 나라 전체가 융성이 된 것은 교육의 힘이라고 자랑하고 싶다. 여기에 학교 선생님의 열의와 정성으로 학생들을 지도하고 가르치고 교육적 안내를 했기 때문에 국가, 사회 조직의 건실한 일원으로서, 산업의 능력 있는 역군으로서 소임을 잘 할 수 있는 인재로 성장할 수 있었다. 선생님들에게 스승의 은혜라고 생각되어 감사한 마음뿐이다.

세상에 모든 것 행위의 과정을 평가하고 결과물을 검토해 볼 수 있다. 학교 교육에 있어서 교육 내용 전달자인 선생님의 지도와 가르침의 방식에 대해 평가해 보지 않을 수 없다.

다수의 학생을 한 교실에서 가르치는 교육방식이 공급자 중심이고, 교육 내용 전달 중심이어서 학생들의 인성과 재능 개발에 막대한 나쁜 영향을 끼쳤다. 권위적이고 강조적인 교육자세와 태도는 여러 학생의 성향과 재주 재능이 다른 점들을 고려하지 않았으며, 그동안 일관된 교육 환경이 아니었나 생각이 든다.

교육내용의 이해 정도를 시험을 통해 계량화 된 점수로 학생들을 구분지어서 점수 간판이 학생들의 잘 다듬어진 인성과 재능으로 내놓기는 아주 미흡한 교육 방식이다.

점수 좋은 학생들은 예쁨과 귀여움과 칭찬으로 다듬어진 학생으로 잘 자라난 사람 묘목으로 보고 그 나머지 학생들은 선생님들의 눈 밖에 난 학생들로서 사람 묘목으로 자라는 것이 더디고 부족한 학생이 되었다. 점수가 좋아 실력 있다는 사람들은 동전의 양면처럼 뒷면에 인문학적 인본주의 부족으로 국가 사회에 악영향을 끼친 사례가 비일비재非一非再하다.

실력의 경중輕重으로 사람을 보기에 앞서 '인간다운' 사람으로 길러내 향기나는 사람으로 만들어 내야 한다.

물론 인간세상 모든 것은 개인 각자 하기에 달려 있다는 것을 알고 있다.

학교 선생님들은 세상 물정 모르고 성장하는 학생들을 따뜻한 관심, 사랑, 배려, 칭찬, 너는 잘 할 수 있다는 격려의 말씀으로 세상에서 가장 필요한 인물로 성장시킬 수 있다.

수업 중에 교육 내용을 모르면 학생에게 자존심 상하게 주의와 훈육을 한다. 본인도 모르게 잠을 졸아도 막 혼내키고 선생님이 학생에게 답을 요구하는 그 질문을 해 정답을 제대로 못할 때 화를 내 학생에게 면박을 주고 해 왔다. 학생은 선생님의 사랑과 관심을 받을 수 없는 존재로 인식해 버린다.

선생님의 열의는 충분히 이해하지만, 오늘날 그러한 환경에서 자란 학생이 성인으로 사회 활동하는 데 문제가 발생하였다.

첫째, 대화의 기술이 부족한 사람으로

둘째, 여럿이 어울린 조직생활에 적응하지 못한 사람으로

셋째, 성격도 소극적인 방향으로 간 사람으로

넷째, 자신감이 부족한 사람으로

다섯째, '이 세상에서 나는 쓸모 있는 사람이야' 말할 수 있는 자긍심이 부족한 사람으로

사람의 평가를 계량화된 점수 간판을 갖고, 한 번 실수를 갖고 또 일등, 일류 정신문화(이것은 제품을 제조하는 산업계만 필요)가 쫙 퍼진 사람들 속에서 '나는 이런 사람이야' 표현하기가 어렵다.

사람을 사람처럼, 인간을 참 인간처럼 바라보는 진정성 있는 국가 사회 구조와 문화가 반드시 필요하다.

이것을 해결할 수 있는 근본 대책은 일선 교육기관의 교육방향을 '인간교육'에 맞추어 진행이 되어야 한다.

사람들을 구별하는 팽배한 의식과 생각은 대한민국 국민들 간의 소통과 서로 어울림이 있는 건전한 대한민국의 사회로 일궈내기는 어렵다.

學 而 時 習 之 不 亦 說 乎
배울(학) 말이을(이) 때(시) 익힐(습) 갈(지) 아니(불) 또(역) 기뻐할(열) 어조사(호)
(배 우 고 때 때 로 익 히 면 또 한 기 쁘 지 아 니 한 가)

13

·········영어회화가 성공하려면·········

대한민국 사람들이라면 한 번쯤 늘 영어회화를 잘 할 수 있는 내가 되었으면 하는 고민을 해보았고, 지금도 뇌리에서 진행 중이다.

첫째로 교육방식의 문제점부터 내놓겠다.

인간이 감정, 사상, 생각, 의사, 느낌을 표현하는 방식, 즉 표현 사고 방식이 넓게는 국가마다 좁게는 지역마다 다르다. 여기서 반드시 꼬집어 문제점을 전개해 나갈 것이다. 세계 방방곡곡이 사람이 표현할 때 사용되는 단어(낱말, 어휘) 중 동사(사물의 동작이나 작용을 나타내는 품사)를 말할 때 앞에서부터 말을 전개하느냐 말의 끝으로 하느냐 하는 방식으로 가장 많이 표현하고 있다. 즉 사람의 의사, 감정, 표현의 방식이며 세계적인 표현문화다.

이를 테면

〈세계 공통어 영어 표현 사고방식〉

I eat a meal everyday three times.
　동사

〈한국어 표현사고방식〉

나는 매일 밥을 세 번 <u>먹는다</u>.

　　　　　　　　　　동사

* 이렇게 생각을 전개하는 Style이 다른데 빨리 시원하게 어떻게 되냐구요.

〈세계 공통어 영어 표현 사고방식〉

I joyfully <u>play</u> to <u>run</u>, to <u>jump</u> for my health everyday.

　　　　동사　　　동사　　　동사

〈한국어 표현사고 방식〉

나는 내 건강을 위해 매일 신나게 <u>뛰고</u> <u>달리고</u> <u>논다</u>.

　　　　　　　　　　　　　　동사　　동사　　동사

* 언어표현은 습관적으로 하는 정신문화인데 어떻게 시원하게 빨리 되냐구요.

　영어와 한국어 표현 사고방식만을 예를 들어 보았지만 전 세계 각 나라가 이와 같은 표현 사고방식 중의 하나다. 앞에서 예를 들은 문장에서 눈여겨볼 것은 사람의 '입'으로 표현되는 모든 단어 소리는 <u>단어 소리의 성질이 있다.</u> 그 성질은 '특징, 뜻, 감각' 이 세 가지가 있다. 이 단어 소리의 성질과 영어 표현 사고방식이 '입'과 '두뇌'에서 완전히 감각적으로 익숙해져야 영어회화를 잘할 수 있다. 표현 사고방식과 단어 소리의 성질은 각 나라 국민의 정신세계와 감각세계를 습관적, 자동적으로 표현하고 있다.

　<u>우리나라 영어 교육방식</u>은 Letter Language(문자 언어)를 Reading(읽기), Writing(쓰기) 교육방식으로 Grammar(문법)를 곁들여 교육할 수밖에 없다. '영어 회화 공부'에는 전혀 도움이 안 된다. 오히려 영어 회화와 벽만 쌓는다. 사람이 이 세

상에 태어나면 소리(Sound)를 듣고(Hearing) 말하기(Speaking)의 Sound Language(음성언어)가 된 다음에 문자 언어(Letter Language)를 배워 간다.

이렇다면 우리나라 영어 회화 공부는 순서가 잘못되었고, 지금도 영어 문장을 해석하고 문법 공부를 하고 있어서 영어 회화 공부를 하면 할수록 멀어진다.

영어 회화를 하려는데 주어, 동사, 보어, 목적어는 왜 따지냐고요? 영어단어 소리와 방식이 감각적으로 안 나오는 것이 문제지요? 영어문장 해석과 문법공부는 영어회화 공부에 독이 된다(다만 영어표현 문화를 이해해야 한다는 것을 전제로 기본 문법을 알 필요가 있다).

또, 한 가지 지적하면 이 저자도 한국 사람이지만 우리나라 사람 대부분이 한국어 의사 표현력도, 전달능력도 썩 좋은 편이 못 되어 역시 영어회화를 잘 해내기 힘들다.

이를 깨뜨리고 성공적인 영어회화 방법을 제시한다.

A. 표현 사고 방식이 한국어와 영어의 다른 점
   동사를 갖고 말을 진행하는 요령을 이해시켜 교육을 해야 성공적인 영어회화를 할 수 있다.
   이를테면

   〈한국어 표현 사고방식〉
   나는 매일 밥을 세 번 먹는다.
   　　　　　　　　　　　　동사

영어 말하기 연습은 류기오식^式 징검다리 화법^{話法}으로
단어마다 "독립적으로 생각 징검"한다.

"단어 생각, 징검"
〈세계 공통어 영어 표현 사고방식〉

I / eat / a / meal / everyday / three / times.
　　동사

〈한국어 표현사고 방식〉

나는 내 건강을 위해 매일 신나게 뛰고 달리고 논다.
　　　　　　조사(전치사)　　　　　　동사　동사　동사

"단어 생각, 징검"
〈세계공통어 영어 표현사고방식〉

I / joyfully / play / to run, / to jump / for / my / health / everyday.
　　　　　　동사　　동사　　　동사　전치사(조사)

* 이렇게 말하는 Style이 다른데 그 생각과 감정이 영어로 쉽게 표현되냐구요.

* 무엇보다도 단어 소리의 성질과 표현 사고방식이 완벽하게 익숙해지지 않으면
술술 영어회화가 안 된다구요.

B. 우선 우리나라 한국어 표현 사고 방식과 세계 공통어 영어
표현 사고 방식을 비교 설명해 영어표현 사고방식대로 반복
연습해야 하며 그리고 영어단어마다 단어 소리의 성질 세 가
지 특징, 뜻, 감각이 잘 익혀지도록 훈련했을 때 습관적으로
영어적 표현문화가 성숙된다.

C. 영어 단어 소리의 성질 세 가지 특징, 뜻, 감각과 영어 표현 사고 방식대로 완전히 영어 회화를 잘하려면 천천히 사람 '입'에 익숙해지도록 훈련과 연습을 매일매일 해야 한다.

일정 기간 해내지 않으면 영어 회화를 성공적으로 해낼 수 없다.
영어단어 소리와 표현 사고방식대로 익숙해지려면 천천히 입으로 연습해야 한다.
연습과 훈련을 해서 원어민 표현 구사력^{驅使力}처럼 하려면 한 문장을 500번 정도(영어 단어 소리와 표현 사고방식대로 익숙해질려면 천천히 입으로 연습해야 한다) 해봐야만 지금이라도 영어회화 고민을 뇌리에서 지워 버릴 수 있다.
(훈련 횟수는 500가지 경우 말을 연습에 이르면 500번 밑으로 해도 잘 익혀진다. 영어 표현 사고방식 감각 능력 향상으로 줄여도 좋다. 계속 500번만 하면 원어민처럼 되니까 더 좋다)

🔦 훈련 연습할 때 조건

1) 영어회화를 할 때 표현하는 단어마다 독립적으로 "단어 생각, 징검"을 느끼면서 징검(단어마다 표현 전달 완성의 의미)징검하며 징검다리 건너가듯 하면서 영어회화력을 길러내는 화법^{話法}인 류기오식^式 영어회화 징검다리 화법^{話法}(Stepping-stone Thinking)대로 연습한다.

2) "단어 생각, 징검"을 느끼면서

I / eat / a meal / everyday / three times

3) 이렇게 할 때 다음 말을 할 생각과 여유가 생긴다.

4) 모든 문장을 무조건 외우려하면 절대로 안 됨.
   ("단어 생각, 징검"을 익힐 수 없다.)

5) 암기는 마음에 부담을 주고 정신적 고통으로 꾸준히 영어회화를
   해낼 수가 없다.
   (한국어 외워서 했나요?)

6) 일정기간 하려고 하면 하루도 쉬지 않고 해서 될 때까지 해야
   한다.
   (대부분 사람들은 하다 말다 해서 실패하고 영어회화가 어렵다 한다.)

인생은 노력하는 것이다.

14

······공부를 해낼 수 있는 조건······

책을 붙들고 자유롭게 펼치는 것
책장에서 내용, 뜻, 줄거리를 얻어내는 것
책을 읽는 동안에 어떤 다른 생각 고민 없이 읽는 데 집중하는 것
책장을 즐겁게 넘길 수 있는 것
책 때문에 행복해 지는 것
책으로 새로운 정보, 지식, 지혜를 차곡차곡 쌓는 것
책을 통해 해내는 마음이 하루라도 쉼 없이 꾸준히 움직이는 것
공부지능(SI)[예습 지능, 강의듣기 지능, 복습 지능]을 학교 공부생
활에서 의도적으로 습관화 하는 것
책의 내용을 파악될 때까지 성실히 정성껏 반복적으로(여러 번)
해내는 것
책을 붙잡으면 앉아 있는 곳에 끈기 있게 앉아 있는 것
세상에 어떤 목표를 이루어 내려면 쉽게 빨리빨리 대충대충
해서는 인정받을 수 있는 목표물을 내놓을 수가 없다.
자신 스스로 해내야 한다.

이 조건들을 제품이나 기계에 인공지능(AI)을 집어넣듯이 학생 스스로에게 위의 것들을 인공지능(AI)이라고 하고 각자 마음과 두뇌에 일부러 집어넣어야 한다. 그리고 저자가 세계 최초로 연구 개발한 학문적인 용어인 공부지능(SI)을 학생 스스로 습관화 해 학생 각자 꿈을 실현하기를 기원한다.

學 而 時 習 之 不 亦 說 乎
배울(학) 말이을(이) 때(시) 익힐(습) 갈(지) 아니(불) 또(역) 기뻐할(열) 어조사(호)
(배 우 고 때 때 로 익 히 면 또 한 기 쁘 지 아 니 한 가)

15

공부^{工夫}하는 것이
이 세상에서 가장 재미있다

만물의 영장인 사람이라면 공부를 해야만 하고 공부로 사람의
값을 이 세상에 내놓아야 되는 것이다.

영아기(젖먹이로 발육이 되는 시기)와 유아기(어린아이로 생후 1년 내지
1년 반부터 만 6세에 이르기까지의 어린시기)를 거치면서 사람의 모습
으로 성장된다.

이런 시기에 성장 과정도 재미있게, 즐겁게, 신나게 행복해진
감성과 정서로 또래와 어울려 지낸다. 이것도 공부하는 것으로
이 세상에서 가장 재미있다.

이 세상 사람들 속에서 '사람다움'으로 성장하려면 도덕, 윤리
교육과 실력이 있는 사람으로 성장하려면 사회와 자연에서 발생
되는 내용들을 초, 중, 고에서 공부한 것을 바탕으로 대학에서
더 전문적으로 인문과학(언어, 문학, 철학, 종교학, 역사학, 사회 생활에
관한 여러 학과 등), 사회 과학(정치학, 경제학 등)이나 자연과학(자연에
속하는 모든 대상을 다루는 학문) 교육을 받게 된다. 이것도 공부하는
것으로 이 세상에서 가장 재미있다.

이때 공부하는 시기는 청소년, 청년 시절이다.

사람은 공부의 세계에서 성장의 발판을 만들게 되어 인간사회의 일원으로서 사람 구실(몫)을 하면서 생존해 간다.

사람이 살아가고 살아나가는 데는 기본적으로 각자 개인이 의依, 식食, 주住를 원래 해결해야 한다.

이 의식주를 해결하기 위해 신경을 전혀 쓸 필요 없는 청소년, 청년 시절에는 90% 가량은 부모님만의 지원으로 아니면 10%는 형제자매, 일가친척, 공공단체 등 지원으로 학교공부(지식공부)를 하게 된다. 또한 스스로 독학으로 지식을 얻는 데 노력을 한다. 의식주를 신경 안 쓰고 학교공부 또는 독학을 할 수 있는 조건은 인생에 절호의 기회(황금 같은 시기)로 주어진 것이다.

온갖 정신을 쏟아 의식주를 해결하려는 고단한 삶(인생살이) 보다는 청소년, 청년 시절에 학교공부(지식공부)하는 것이 이 세상에서 가장 재미있고 행복한 순간이다.

사실 궁극적으로는 의식주를 잘 해결할 수 있는 수단이나 방법을 찾고 만들기 위해서 학교공부(지식공부)를 반복적으로 열심히 하고 있다.

지식공부는 일단 책을 붙잡고 책을 펴 책장을 읽어 가면

내가

알고자 하는 내용의 뜻을 파악해 좋고,

전혀 몰랐던 것을 새롭게 뜻으로 이해가 되어 좋고,

스스로 깨달을 정도로 실력, 능력이 쌓아진 것을 느껴질 때마다

공부工夫는 이 세상에서 가장 재미있다고 말을 하고 싶다.

16

…세상이 내 뜻대로 되지 않는다…

어린 아이 때

생각대로 마음먹은 대로

많은 경우(생각, 마음의 모델)가 이루어지지 않았다.

몇 개의 경우가 튼실한 어린이로 만들어 놓았다.

청소년 청년 시절

마음먹은 대로 생각대로

많은 경우가 이루어지지 않았다.

이때의 경우는 사회적 환경 관계(주로 학교생활)로 만들어내야 하기 때문에 본인 스스로 그 속에서 존재감을 갖기 위해, 공부로 실력을 쌓기 위해 부지런하고 끈기 있는 노력과 정성으로 공부지능(SI)을 습관화·생활화해야 한다. 그러므로 스스로 목표를 달성해낼 수 있다. 나 말고는 여럿이 이웃해 있는 사회적 제도와 환경은 생존 경쟁이라는 묵시적 약속이기에 실력과 전문성을 갖추어 놓은 것이 그 사람의 책임과 의무이다.

이렇게까지 다 했는데도 생각대로, 마음먹은 대로 안 되는 경우가 허다^{許多}(부지기수)하다.

사람 각자는 타고난 운^運과 운명^{運命}이 있기 때문에 안 되는 것은 절대로 안 된다.

(예: 누구나 바란다고 대통령이 다 될 수 없듯이 학교에서 1등도 한 명뿐이다)

그러나 인간은 스스로 하는 것에 정성과 노력을 꾸준히 하는 것이 기본적 본분(마땅히 지켜 행해야 할 직분)이다.

운^運과 운명^{運命}은 이 본분 다음 문제다.

'세상이 내 뜻대로 되지 않는다' 느낌을 확 줄일 수 있는 방안은 앞에서 설명한 내용들을 깨닫고 빈틈없이 목표를 향해 실천하면 된다.

學 而 時 習 之 不 亦 說 乎
배울(학) 말이을(이) 때(시) 익힐(습) 갈(지) 아니(불) 또(역) 기뻐할(열) 어조사(호)
(배 우 고 때 때 로 익 히 면 또 한 기 쁘 지 아 니 한 가)

17

·········· 글쓰기는 재미있다 ··········

사람은 자기 자신을 1인이나 다수 상대방에게 표현해야 한다.

그때그때 개인의 시각^{時覺}(보는 느낌), 청각^{聽覺}(듣는 느낌), 후각^{嗅} ^{覺}(냄새의 느낌), 미각^{味覺}(맛의 느낌), 촉각^{觸覺}(닿는 느낌)의 다섯 가지 감각 오감^{五感}과 희^{喜}(기쁨), 노^{怒}(성냄), 애^{哀}(슬픔), 락^{樂}(즐거움), 애^{愛} (사랑), 오^{惡}(미움), 욕^{慾}(바람)의 일곱 가지 감정 칠정^{七情}, 생각 등을 말을 하거나 글을 써서 사회생활을 하게 된다.

말마디의 소리가 길게, 짧게, 높게, 낮게, 크게, 작게 그 분위기에 따라 달라져서 듣는 상대방은 편안해지고 그 내용을 알게 된다.

종이 위에 펜을 들고 앞서 발생한 오감^{五感}과 칠정^{七情}의 소리가 글자로 순간순간 순환^{循環}이 되어 더 마음과 정신이 차분해지고 안정감이 생긴다.

우선 하루 일과를 누구보다 본인 스스로 잘 알고 있다. 이것을 하루에 일어난 대로 느꼈던 것과 따라서 평소 생각했던 것을 더 해 일기를 쓰면 하루 일과를 되돌아 볼 수 있어 좋고, 한 부분에 반성해서 좋고, 내일을 맞이하는 입장에서 준비할 수 있어 좋고,

본인의 인생 설계를 알차게 꾸밀 수 있어서 좋다.

　일기, 글쓰기 훈련을 충분히 하고 난 후에 일단 종이를 본인 앞에 놓고 펜을 들면 쓰고자 하는 생각과 감정을 차근차근 천천히 누에고치에서 실을 뽑아내듯 본인도 모르게 글을 쓰는 감성이 일어나 글쓰기가 시작이 된다.

　처음 시도를 해보고 꾸준히 한 달 내내 하루도 쉬지 않고 계속적으로 일 년 내내 해 가면 글 쓰는 능력이 몰라보게 향상되어 한순간에 본인이 좋아하는 문학 장르, 시, 소설, 수필, 동화, 희곡 중 하나가 잡히게 되어 작가(글쓴이)로 등단登壇할 수 있다. 글쓰기는 각각 개인이 독립적으로 개인에게만 하루 중에 일어난 개인의 것 오감五感과 칠정七情, 느낌, 생각들을 일기로 쓰는 것이 기본이다. 일 년 후에는 자연에 있는 동식물 중 하나를, 아니면 사회 환경 현상 더 나아가 우주를 더 공부해 전공에 관련된 지식으로 글을 잘 쓰는 사람으로 성장이 될 수 있다.

　글을 쓰는 것은 스스로 존재감 정체성이 있는 자아(나, 자기)를 발견할 수 있어서 삶이 더 재미있다.

　꼭 썼던 글은 다듬어(검토, 몇 번 읽어 보면 감성이 일어남) 보아야 한다. 그때 완성미完成美 느낌으로 되어 더 글을 쓰고 싶은 마음으로 가득해진다.

18

4차 산업혁명 시대에
토론해 보기

사람이 이 세상에 태어나면 본인(나)을 상대방에게 말(이야기)을 하게 된다.

사람은 환경적인 카테고리(Category; 범주)에서 자기를 만들어 간다.

첫째, 태어나서 부모님이 만든 곳에서 여러 수만 가지를 접하면서 나를 '이런 사람이야' 여러 사람 앞에서 표현하기도 하고 모습을 드러낸다.

자기의 생각, 느낌, 감정 등을 말하게 되면서 말하는 능력을 길러 낸다.

이를테면 가정에서 부모님이나 형제 자매 간에 자연스러운 대화를 해 본 경험을 많이 쌓아야 하는데, 우리나라는 전통적으로 가정에서 대화 문화가 상당히 성숙되어 있지 않아서 첫 번째 대화의 기술을 발전시키지 못했었다.

학교 교육에서조차 대화식 수업이 없는 관계로 두 번째 대화의 기술을 익혀 낼 수 없었다.

더 나아가 사회 직장에서 동료나 선배 상사와 원활한 의사소통의 기술이 세 번째로 잘 익숙해 있지 못했었다.

이런 이유들로 대화라는 느낌과 생각이 쉽사리 할 수 없는 의식으로 고착화 되어 버렸다.

대화를 하는 데 두 가지의 인자가 있으며, 그것은 감정인자와 이성인자이다. 이 두 가지 인자가 같이 작동되어 대화를 하게 된다.

대체적으로 본인의 의사, 생각, 상상 등을 말할 때는 감정인자는 이성인자를 도와 의사 전달 능력을 부드럽고 깨끗하게 하여 완전한 전달감을 느끼게 해 주는 작용을 하는 것이 원칙이다.

그러나 앞서 지적했던 대로 말하는 기술이 능숙能熟치 않은 환경인 가정과 학교교육에서 이성인자 속에 감정인자의 보조역할이 원활치 못한 훈련으로 썩 좋은 대화 기술로 발달이 안 되었다. 그러므로 말할 때 보면 감정인자가 이성인자를 짓눌러 분별 없이 큰 소리로 말이 되어 사람의 기본 대화 능력을 만들어 내지 못했었다.

이를 극복하고 올바른 대화 기술을 해결하기 위해서는 본인 스스로 하루 일과를 일기로 자세히 써서 차근 차근 감정인자의 흐름에 이성인자로 소리 내어 말하듯 읽어 본다(남이 써 놓은 것으로 연습하면 감정인자와 이성인자를 진입하기 어려움). 일주일 동안, 한 달 내내, 계속 일 년 내내 시간을 두고 스스로 대화해 내는 기술을 만들어 낸다. 기술이란 훈련이나 연습을 통해서만이 이루어진다. 세상에 노력 없이 저절로 되는 것은 없다. 토론은 어떤 주제를 놓고 서로의 의견을 전개해서 상대방을 설득해 가는 것이고, 물론 상대방의 대화의 논리와 주장을 잘 경청해야만 된다. 자신의 더 뚜렷한 논리적 토론을 할 수 있다(토론을 하려면 사전에 주제에 맞는 이론을 논리적으로 준비하고 임해야 함). 이성인자로 감정인자의 흐름을 받아 논리적으로 전개해야만 한다.

논리적 대화란 숫자 1 그다음 2, 3, 4, 5까지라면 생각을 이와 같이 쏟아 내라는 것이다. 만약 감정인자가 앞서면 1을 했다, 3, 2, 5, 4로 뒤죽박죽 해 버리면 토론討論을 할 줄 모른다.

4차 산업혁명 시대에는 인공지능(AI)을 소위 기계나 제품에 사람의 기술로 사람이 일상에서 하는 지능을 입력하는 것이다.

부족한 나의 대화 기술을 내가 자라 온 환경 탓만 하지 말고, 이 융복합형 창의력이 필요한 4차 산업혁명 시대에 살아남으려면(물론 주제에 맞는 전문지식이나 이론을 충분히 준비하는 것은 당연하다) 의도적으로, 논리적으로 말을 전개하려는 인공지능(AI)을 본인(나) 자신이 본인(나)에게 입력해서 토론討論할 때는 주제에 맞는 내용을 논리적으로 잘하는 토론 전문가로 성장시켜야 한다.

인생은 노력하는 것이다.

19

…자녀들에게 이래라 저래라 하면…

원래 사람은

스스로 해내려고 한다.

생각하고 있는 사람

스스로 해내려고 한다.

자신을 뽐내려고 하는 사람

스스로 해내려고 한다.

주변을 의식하고 있는 사람

스스로 해내려고 한다.

도움이 필요한 사람

우선 스스로 해내려고 한다.

도덕과 윤리 양심을 생각하는 사람

스스로 잘해 간다.

공부를 하고 있는 사람

스스로

실패, 좌절(성적 부진), 지겨운 지경에 이르러도

확실히 한 번 해보려는 의지가 있다.

문제가 있는 사람

스스로 해결책을 찾으려고 한다.

자녀들은 이런 사람이기 때문에 이래라저래라

하지 말아야 한다.

공부에 대해 자녀 사생활

깊은 관심과 관여는 더 반항아로 성장이 된다.

자주하는 경우 자녀 학대가 될 수도 있다.

최소한 자녀의 인격을 아끼고 돌보는 쪽으로 해야 한다.

성적부진, 실수, 실패를 많이 할수록 깨달아 더 굳건한 자녀로

성장할 수 있다.

믿어 보세요.

인생은 노력하는 것이다.

20

.... 자녀들은 알아서 ....
스스로 잘 해내요

사람은 길을 걷거나 뛰거나
넘어지기도 하네
이런 경험은
오히려 앞길을 당차게 해결해 가는 능력이 길러진다네
혹시 경쟁하는 모임, 집단(학교생활)
단체, 사회에서
쓰디쓴 경험은
더 용기를 내는 생각과 마음으로
경쟁력, 실력을 갖춘
사람으로 자랄 수 있다네
스스로 본인 발등에 불덩이가 떨어진 것을
느끼는 사람으로 자각하고 있다네
앞으로 무엇을 해서 먹고 살아갈까
고민하는 사람이라네

이 인간 사회에서

어떤 전문가로 자리매김하며

살아갈까 고뇌하는 사람이라네

부모님께 걱정을 덜어 드리고

자식으로서 이렇게 우뚝 자라난

자식입니다 라고 생각하고 있는 사람이라네

부모님보다 자녀 스스로가 자신의 미래를

많이 생각하고 있다네

항상 따뜻한 격려와 사랑은

사녀들이 알아서 스스로 제 갈 길을

찾아가는 데 도움이 된다네

항상 기다리고 지켜보는 여유로운 마음이

있어야 한다네

학교 공부에 이렇게 저렇게 관여하는 것은

독이 되어 자녀와 관계가 멀어진다네

사람은 아날로그(Analogue)적이었지만

인류문화의 발전을 디지털(Digital)로 혁명적 발전이 되었기

때문에 자녀들이

이 4차 산업혁명 시대에 맞추어 주인공으로 성장하고 있다네.

21
자율주행 공부 학습자로 잘 안되면
공부 자동차 운전하지 마라

학생의 신분은
학교 공부를 해야만 한다
한 반에 여러 명 친구
각자 스스로 성적을 내야 한다.
어쨌든
공부자동차 잘 운전하는 사람
잘 못하는 사람
있다는 것이 현실로 보인다
여럿 모인 사람들 속에는
우열과 차등이 있기 마련이다
이렇기 때문에 잠시 공부 성적으로
고민할 필요가 없다
공부자동차 미숙한 운전자라도
그 문제를 찾고 노력(연습)을 많이

할수록 완숙한 공부 운전자로 성장할 수 있다.

그래도

분석하고 과학적인 공부 방법인 공부지능(SI)으로 해도

공부자동차로 공부 운전하기 싫으면 하지 않는 게 좋다.

사람의 잠재력은 알 수 없는 무궁 무진한 소질과 능력으로 저장

되어 있기 때문에 각자 학생 스스로에게는 미래의 길로 전문가,

기술자, 기능인으로 성장할 수 있는 길이 있다.

꼭 1류, 2류 대학으로 의료인, 법조인, 행정고시, 외무고시 합격

으로 출세라는 이름표를 달 필요는 없다.

이런 것들이 인생살이에 행복과 부^富가 보장될 수 없다.

누구에게나 살아갈 각자의 인생과 삶이 있다.

學	而	時	習	之	不	亦	說	乎
배울(학)	말이을(이)	때(시)	익힐(습)	갈(지)	아니(불)	또(역)	기뻐할(열)	어조사(호)

(배 우 고 때 때 로 익 히 면 또 한 기 쁘 지 아 니 한 가)

22

공부지능(SI)으로 자율 주행 공부 학습자가 되자

지금까지

오늘 지금 현재

학생의 신분, 직업의 분류에

공부를 주 업무로

나를 지적하고 있네

하자, 해내자, 못 할 것 없다

우리는 신생에너지로

무엇을 못 할까

할 수 있다네

21세기 미래 환경에

우리가 주역이다, 주인공이다

능력, 실력, 개인의 실적

만들어야

그 역할을 해낼 수 있다네

공부지능(SI)으로
생활화 습관화해서
자율 주행 공부
학습자로 성장하자
일구어
21세기에 태양으로
이 세상에 한몫을 하자

學　而　時　쬡　之　不　亦　說　乎
배울(학)　말이을(이)　때(시)　익힐(습)　갈(지)　아니(불)　또(역)　기뻐할(열)　어조사(호)
(배 우 고　때 때 로　익 히 면　또 한　기 쁘 지　아 니 한 가)

23
Data Science(데이터 과학) 미래 시대가 열린다

 미래 시대가 열린다.

인공지능(AI)의 활용 범위가 일생생활과 전 산업계에 영향을 주어 21세기는 4차 산업혁명 시대라고 정의를 내리고 있다. 일상생활에서나 모든 산업분야에서 관찰(사물을 주의하여 살펴봄)에 의해 얻어진 주요한 지식 정보 자료 Data를 Computer(컴퓨터)에 저장한다.

즉 수치형^{數値型}(A가 6을 대표할 때, 6은 A의 수치임)과 같은 것을 Digital로 여기에서 Data 수집, 저장, 처리, 분석하는 방법들을 과학적으로 연구하고 배워 가는 것을 Data Science(데이터 과학)라고 한다. 경영, 통계 등 산업계 여러 분야에 새로운 수요가 무궁무진하게 창출됨으로 Big data 전문가, 금융정보 Data 전문가, Data 기반 인공지능 전문가 등으로 진출할 수 있다.

예시당초^{像示當初}(미리 맨 처음)에 학생은 공부지능(SI)을 생활화 습관화해서 Data Science(데이터 과학)의 미래 시대에 새로운 직업 군(여러 직업)에 문을 두드릴 수 있는 능력과 실력을 갖추어야 한다.

學 而 時 習 之 不 亦 說 乎
배울(학) 말이을(이) 때(시) 익힐(습) 갈(지) 아니(불) 또(역) 기뻐할(열) 어조사(호)
(배 우 고   때 때 로   익 히 면   또 한   기 쁘 지   아 니 한 가)

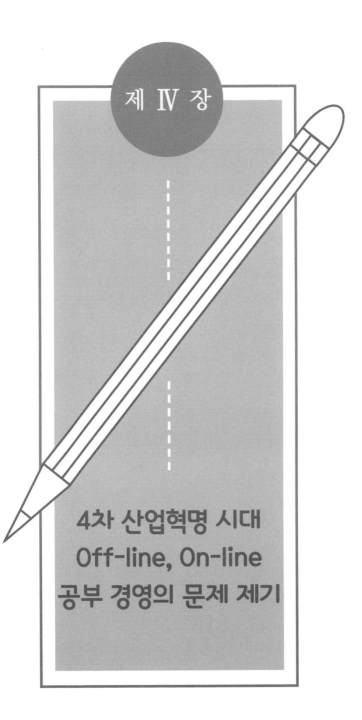

제 **IV** 장

4차 산업혁명 시대
Off-line, On-line
공부 경영의 문제 제기

1. 공부 경영 문제의 원인이
   학생 자신이라는 이야기

2. 공부 경영 문제의 원인이
   학생의 잘못된 학습 태도라는 이야기

3. 공부 경영 문제의 원인이
   학부모의 잘못된 자녀 학습 지도관이라는 이야기

01

........공부 경영 문제의 원인이.......
학생 자신이라는 이야기

- ▣ 스스로 공부를 통한 인생살이에 대한 뚜렷한 신념과 의지가 부족

- ▣ 스스로 계획적인 공부 생활에 대한 생각이 부족

- ▣ 스스로 공부가 인생살이에 왜 필요한지 분명한 인식이 부족

- ▣ 스스로 매일 꾸준히 해내려는 생각이 부족

- ▣ 스스로 공부를 쉽게 편안하게, 적당하게, 간단하게 진득함 없이 하
  려는 생각

- ▣ 스스로 오랜 시간을 투자하지 않으려는 생각

- ▣ 스스로 공부에 대한 해결 의지와 책임감이 상당히 부족

- ▣ 스스로 공부에 대해 파고 들려는 열성이 부족

- ▣ 스스로 공부를 해보려는 자율 의식이 많이 부족(특히 학원, 개인과
  외에 의지해서 공부해 보려는 마음)

- ▣ 스스로 공부하는 데 있어서 머리 쓰는 습관이 부족

바른 학습 의지로 학생 자신을 바로잡는다면 공부의 능률과 효과를 극대화 할 수 있으며, 바른 공부 경영으로 4차 산업혁명 시대에 옳은 대비가 될 것이다.

공부지능(SI)을 생활화 습관화 하자

學 而 時 習 之 不 亦 說 乎
배울(학) 말이을(이) 때(시) 익힐(습) 갈(지) 아니(불) 또(역) 기뻐할(열) 어조사(호)
(배 우 고   때 때 로   익 히 면   또 한   기 쁘 지   아 니 한 가)

02

공부 경영 문제의 원인이
학생의 잘못된 학습 태도라는 이야기

- ▣ 공부 경영의 기본 책인 교과서를 통한 예습과 복습을 스스로 하지 않는 태도

- ▣ 준비 학습 없이, 즉 예습 학습 없이 학교 수업에 참여하는 태도

- ▣ 마무리 공부 경영인 복습을 등한시 하는 태도

- ▣ 매일 규칙적으로 공부하지 않는 태도(벼락치기 공부)

- ▣ 매일 무계획하고 무질서한 공부태도

- ▣ 공부하는 내용에 대해 끈기있게 집중하지 않는 태도

- ▣ 공부하는 내용에 대한 이해가 부족할 때 그냥 방치하는 태도(류기오식^{式} 대화식 학습 방법으로 해소 가능)

- ▣ 공부 자체를 지루하고 따분하고, 답답하게 생각하는 태도(류기오식^{式} 대화식 학습 방법으로 해소 가능)

바른 공부 습관인 3박자 공부 경영(1박자 예습 공부 경영, 2박자 강의듣기 공부 경영, 3박자 복습 공부 경영)으로 학생의 잘못된 학습태도를 바로잡는다면 공부 경영의 능률과 효과를 극대화 할 수 있으며, 바른 공부 경영으로 4차 산업혁명 시대에 성장 동력이 있는 주인공이 될 것이다.

공부지능(SI)을 생활화 습관화 하자

學　而　時　習　之　不　亦　說　乎

배울(학)　말이을(이)　때(시)　익힐(습)　갈(지)　아니(불)　또(역)　기뻐할(열)　어조사(호)

(배 우 고　때 때 로　익 히 면　또 한　기 쁘 지　아 니 한 가)

03

......공부 경영 문제의 원인이 학부모의...... 잘못된 자녀 학습 지도관이라는 이야기

▣ 자녀의 미흡한 공부 성과에 대해 자녀의 잘못된 학습 태도에 있다는 것을 인식하지 못하고 다그치는 교육방법

▣ 자녀가 잠시 뒤쳐질 때 자녀의 학습 태도를 분석해 스스로 공부할 수 있도록 도움을 주고 분위기 조성을 해주려는 생각이 부족한 자세

▣ 교과서를 통한 예습과 복습을 매일 해야 한다는 정신을 자녀에게 심어 주려는 기본적인 자세 부족

▣ 자녀의 공부하는 습관이 못 미더워 무조건 남에게 맡기는 자세(특히 학원, 개인과외)

▣ 학생보다 학부모님이 공부에 대한 불안감이 더 많은 자세(합리적인 태도가 아님)

▣ 학부모님의 집착으로 학생 실력 향상에 대한 교육방법을 조급하게 생각하는 자세

▣ 학생보다는 학부모님이 공부성과인 성적에 대한 기대를 많이 갖고 있는 자세

▣ 공부하는 주체는 학생이고 학부모는 그에 따른 객체인데 주객이 전도된 학부모님의 공부에 대한 열정

학부모가 바른 자녀 학습 지도관으로 인식을 전환한다면 자녀의 공부능률과 효과를 극대화 할 수 있으며, 바른 공부 경영으로 4차 산업혁명 시대에 공부지능(SI)이 완성된 주인공으로 성장할 것이다(SI는 저자가 세계최초로 연구개발한 학문적 용어).

學	而	時	習	之	不	亦	說	乎
배울(학)	말이을(이)	때(시)	익힐(습)	갈(지)	아니(불)	또(역)	기뻐할(열)	어조사(호)

(배우고 때때로 익히면 또한 기쁘지 아니한가)

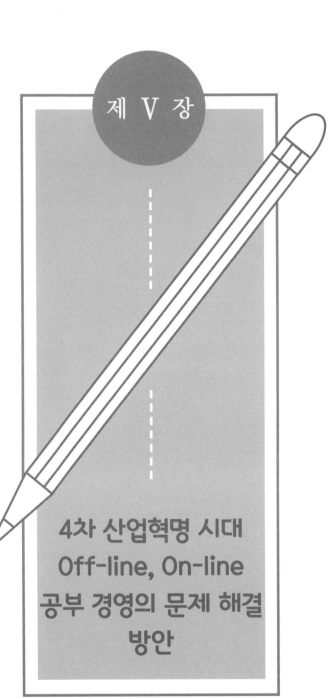

제 V 장

4차 산업혁명 시대
Off-line, On-line
공부 경영의 문제 해결
방안

01

학생 자신의 공부에 대한
정신적인 요소 이야기

- ▣ 공부열정
- ▣ 스스로 늘 동기유발
- ▣ 자기 관리 능력
- ▣ 승부 근성
- ▣ 책임감
- ▣ 의무감
- ▣ 자신감
- ▣ 자기 정체성

이런 정신적인 요소가 의식, 무의식 속에 강인하게 살아 학생 스스로 존재성을 항상 느낄 때 학생 본인이 공부 경영을 하려는 정신을 갖게 된다. 공부를 습관화 하는 데 결정적인 동인動因들이다. 따라서 4차 산업혁명 시대에 <u>공부지능(SI)</u>이 절대 필요한 학생의 정신과 태도이기도 하다.

02
학생 자신의 공부에 대한
학습적인 요소 이야기

■ 이해력	■ 집중력
■ 사고력	■ 문제 해결력
■ 논리력	■ 시간 관리법
■ 설명력	■ 학습 행동 전략의 힘
■ 표현력	■ 건강관리
■ 정리력	■ 환경관리
■ 암기력	

이런 학습적인 요소들은 공부 경영을 해 가는 데 유기적으로 상호 작용하여 공부 경영능력, 공부 경영 흥미, 공부 경영 재미, 공부 경영 취미, 공부 경영 발전 등을 느끼게 해 주는 동인動因들이다. 따라서 4차 산업혁명 시대에 공부지능(SI)의 인자因子들이다.

03

왜 '자기주도 학습법'이
생겼을까 이야기

관행적으로 대부분 학생들이 학교 공부조차도 학생 스스로 3 박자 공부(예습, 강의듣기, 복습)를 하지 않고 학원이나 개인 과외 등 타율에 의해 공부를 해 왔다.

이러한 방법은 누가 시켜서 하는 공부이기에 좋은 결과나 성적을 만들어 내기 어렵고, 장기적으로 꾸준히 할 수도 없다. 성적이 쉽게 오르지 않기 때문에 공부가 재미없고 힘들어진다. 잡아준 물고기를 받아먹는 식의 공부만 한 학생들은 스스로 공부를 어떻게 해야 할지 모르는 공부 공황 상태에 빠진다. 바로 이것 때문에 '자기 주도식 학습법'이 생겼다

4차 산업혁명 시대에 '자기 주도식 학습'이란 학생 스스로 학습 목표와 계획을 짜고 스스로 실천하여 공부해 가는 학습법이다. 이를 해결하기 위해 **류기오식^式 대화식 학습 방법**으로 『**공부! 답이 보인다**』이란 책을 저술했다.

04

공부 경영할 때
기본 자세 이야기

📎 **결론적으로 말하자면 공부 경영 자체를 해내는 것은 사람이다.**

세계 인구가 약 73억이다. 각기 다른 성격, 능력, 마음가짐 등이 약 73억 개라는 것이다.

이런 다양한 사람들이 공부 경영(일)을 해내는 계획, 과정, 결과가 약 73억 개로 나누어진다. 어떠한 마음 자세에 따라 그 계획, 과정, 결과는 엄청난 차이로 나타나기도 한다.

사람이 행동해 가는 것을 실천이라고 하는데 그 강약과 지속성, 초지일관初志一貫하는 정신력 등에 따라 공부 경영 성과인 학교 성적, 대입 성적이 달라질 수 있다.

그 실천은 마음먹기에 달려 있고, 실천력은 학생의 의지력에 있다. 각자 뚜렷한 공부 경영 목표를 달성하려는 정신 무장은 어떤 유혹과 요동으로부터 흔들림 없이 뚫고 가려는 것이며, 바로 이것이 공부 경영의 기본자세가 될 것이다.

학생의 정신적인 요소와 학생의 학습적인 요소로 학생의 우열을 평가하는 것도 있지만 4차 산업혁명 시대에 학생의 불굴의 정신력과 올곧은 마음이 공부 경영의 성패를 좌우하는 경우도 있다.

學	而	時	習	之	不	亦	說	乎
배울(학)	말이을(이)	때(시)	익힐(습)	갈(지)	아니(불)	또(역)	기뻐할(열)	어조사(호)

(배우고 때때로 익히면 또한 기쁘지 아니한가)

05

┈┈┈┈공부 경영의 성적 이야기┈┈┈┈

사람은 배우는 일, 공부 경영을 떼어 놓고 능력 있는 사람으로 성장할 수가 없다. 책을 통한 공부 경영 말고 여러 경험을 통해 쌓은 노하우(Know how)로 능력을 발휘하여 성장할 수도 있다. 이는 좁은 의미의 공부 범주에 해당된다.

한 삶을 초반, 중반, 종반으로 3등분 한다면 초반 30살까지는 책을 통해 집중적으로 공부 경영을 하게 된다. 이 기간 동안 공부 경영을 위해 부지런히 끊임없이 노력한다면 중반, 종반에 잘 진입할 수 있다.

공부 경영을 했으면 평가를 통해 성적을 마련해야 한다.

우리는 매일 적절한 음식을 통해 영양을 공급받고, 적당한 운동을 통해 건강한 체력을 만들어 낸다. 공부 경영도 이와 마찬가지다. 쉼 없이 꾸준하고 성실하게 공부 경영의 기본기인 3박자(예습 1박자, 강의듣기 2박자, 복습 3박자) 공부습관을 생활화, 습관화하면 아주 좋은 성적을 만들 수 있다.

흔히 말하는 사람의 건강한 사회적 성장은 학생이 공부 경영을 열심히 계획하고 성실히 노력해서 목표대로 좋은 성적을 나타내는 것을 말한다. 좋은 성적은 학생 본인을 정신적, 경제적으로 지원하는 부모님에게 반드시 보여 드려야 할 책임과 의무이다. 아무 노력 없이는 좋은 성적을 거둘 수가 없다.

이 자명[自明]한 내용을 똑똑한 학생들이 모를 리가 없다. 4차 산업혁명 시대인 21세기 주인공인 학생들은 평소 꾸준히 공부 경영의 기본기인 3박자(예습, 강의듣기, 복습) 공부를 습관화하여 좋은 성적을 거둠으로써 당당하게 자신을 나타낼 수 있다.

學 而 時 習 之 不 亦 說 乎
배울(학) 말이을(이) 때(시) 익힐(습) 갈(지) 아니(불) 또(역) 기뻐할(열) 어조사(호)
(배 우 고   때 때 로   익 히 면   또 한   기 쁘 지   아 니 한 가)

06

공부 경영이
잘 되지 않는 이야기

모든 학생들은 '공부를 어떻게 잘 해 볼 수 있을까?' 생각한다. 공부에 대한 고민에서 벗어나고 싶은 욕망을 갖고 있지만 '공부'라는 말에 짓눌려 있는 것이 이들의 현실이다.

미래의 가정, 사회, 국가를 책임질 학생들에게 무엇인가 잘못되어도 한참 잘못되었다는 생각이 든다.

학생 대부분이 하루 학습 생활에 대한 구체적인 계획이 없고, 정상적인 학생으로 진행시킬 만한 수단과 방법을 알지 못한다. 계획적인 일과를 세우지 않기 때문에 학습 생활 자체가 무기력해지고 있으며, 학생 각자가 미래에 대한 뚜렷한 목표 의식이 없으므로 원칙적인 학습 행동과 질서가 있는 개인 생활이 없다.

 사람이 하는 모든 일은 생산적이어야 한다.

좋은 결과를 만들어야 하는데 학생들 자신이 긴장하지 않고 절제가 없고 또한 하루 24시간에 대한 책임감이 없으면 기대하는 좋은 성적을 만들어 낼 수가 없다. 당연한 결과로 학생들 각자의 공부에 대한 인식이 평소에 바르지 않았다고도 볼 수 있다.

우선 교과서를 통한 공부 습관이 전혀 잡혀 있지 않다. 모든 학생들이 교과서 내용을 파악하려는 공부 경영 감각이 상당히 부족하다. 거의 모든 학생들이 교과서를 통한 예습과 복습을 잘 하고 있지 않다.

또한, 학생 스스로 적극적으로 머리 쓰는 공부를 하지 않고 있다. 공부 경영을 못하는 학생들의 네 가지 특성은 다음과 같다.

첫째, 시간을 얼렁뚱땅 보내기(시간 낭비).
둘째, 오늘 할 일을 내일로 미루기.
셋째, 공부에 대한 실천력 부족.
넷째, 공부에 대한 책임의식과 해결 의지 부족이다.

한마디로 공부 경영을 잘 못하고 있다. 좋은 머리를 갖고 있지만 학습목표에 대한 강한 책임과 의식이 없고, 무계획하고 무질서한 학습 생활로 공부 경영을 못 할 수밖에 없는 것이다. 따라서 4차 산업혁명 시대에 미래사회의 역군이 될 학생들에게 올바른 공부 경영 습관을 길러주는 것이 무엇보다도 중요하다.

學　而　時　習　之　不　亦　說　乎
배울(학) 말이을(이) 때(시) 익힐(습) 갈(지) 아니(불) 또(역) 기뻐할(열) 어조사(호)
(배 우 고　때 때 로　익 히 면　또 한　기 쁘 지　아 니 한 가)

07

공부 경영은
왜 해야 하는가 이야기

인간은 이 세상에 태어나 부모님의 품에서 환경 적응을 배우면서 성장해 가고 인간으로서 고도의 능력을 발휘하기 위해 지적 능력을 개발하게 된다.

나이를 먹어가면서 사회적 교육 수단(학교)을 통해 능력 있는 인간으로 만들어진다.

이때 배우는 일을 하게 되고 그 배우는 과정을 공부 경영이라 한다. 혼자 스스로 책을 통해 지식을 쌓는 일도 공부 경영이라 할 수 있다. 공부는 새로운 환경의 변화와 발전된 미래를 대비하기 위해서 하게 된다. 각자 생을 마치는 순간까지 공부의 연속이라는 것이다.

무한 경쟁 시대인 현대사회인 4차 산업혁명 시대 속에서 학생들 각자가 타고난 능력과 자질을 갈고 닦는 지식 공부를 게을리 한다면 어떻게 될까?

물론 지식 공부를 전혀 하지 않거나 덜 해도 각자 타고난 능력과 자질을 갖고 살아 갈 수도 있다. 그러나 국가와 사회의 제도적 장치인 조직 세계에서는 실력 있는 학생들을 더 많이 필요로 하고 있는 것이 현실이다. 따라서 인간으로 태어났다는 것은 지식 공부의 굴레에서 벗어날 수 없음을 의미한다.

인간 자체는 공부를 해서 만들어지는 것이고 성장되기 때문에 공부 경영을 해야만 한다. 여기서는 지식 공부를 강조하지만, 인성^{人性}을 위한 공부도 꼭 필요하다. 사람됨은 사람들속에서 사람의 참값(인간성)과 전문지식, 전문기술을 발휘하는 사람이며, 이들을 사회 조직과 국가조직에서 요구하고 있다.

인생은 노력하는 것이다.

08

····· 공부 경영의 필요성 이야기 ·····

사람은 지적인 것을 얻고 터득해야만 사회적 관계에서 활동할 수 있고 존재를 확인할 수가 있다. 그러므로 늘 어떤 내용에 대해 공부 경영을 하지 않고 그냥 지나칠 수가 없다.

여기서 공부 경영은 지적인 것들을 말한다.

직접 경험을 통해 터득한 지혜도 필요하지만, 지적인 것들을 얻음으로써 지혜를 창출해 내는 것이 더 필요하다. 사람이 하나의 건전한 인격체가 되려면 공부 경영을 통해 사고하고 연구해서 지적인 것들을 자기 것으로 이루어 내려는 의지가 필요하다. 그냥 완성 되는 인격체가 아니라는 것이다.

공부라는 단어를 염두에 두고 공부 경영을 생활화 할 때 학생들 각자 희망하는 4차 산업혁명 시대인 미래 사회에 사회적 재목으로 성장할 수 있다.

학생 여러분들이 성장해서 국가와 사회를 위해 무엇을 하든지 간에 공부 경영을 잘해서 실력과 능력을 갖춘 인격체가 되어야 한다. 만약 그 반대라면 인격적 대접을 덜 받게 된다는 것이다. 학생 여러분에게 공부는 각자 인생 사업의 기초이기에 꼭 필요한 것이다.

09

우리의 인생살이는
소중한 가치가 있다는 이야기

사람이 이 세상에 태어났다는 것은 영광이다. 또 선택을 받은 것도 아름다운 것이다.

이 세상 삼라만상에 생물이든, 무생물이든 이 모든 것이 저마다의 역할과 몫이 있다.

그 어떤 것도 쓸데없는 것이 없다. 자연과 사회 환경을 위해 꼭 필요한 존재들이다.

만물의 영장인 인간은 그 값어치와 몫이 더욱 존귀한 존재들이다. 그러나 사회와 국가 환경은 매우 복잡하고 어렵게 관계 되어 있다.

에너지를 덜 소비하면서 편해지고 싶은 욕심은 남녀노소 할 것 없이 누구나 다 갖고 있지만 복잡하고 난해한 관계와 환경들이 우리 현실에 산재되어 있다. 이를테면 쉬운 일은 10%이고, 어려운 일은 90%인 것이다. 이 90%를 스스로 해결하려는 강한 정신력과 능력이 필요하다.

학생의 신분으로 4차 산업혁명 시대인 미래 사회에 펼쳐질 일들을 해결하려는 정신적 자세와 능력을 갖추려면 인성^{人性} 공부와 지식 공부를 부지런히 해야 한다. 열심히 공부하는 사람이든 공부를 하지 않는 사람이든 이 세상을 살아갈 책임과 자유가 있다. 모든 사람에게는 절대적으로 그 능력에 따르는 귀한 존재 가치가 있는 것이다.

　　이 험난한 세상은 개개인 모두에게 놓여 있으며, 모든 일이 남과 관계되어 있기 때문에 항상 남을 생각하면서 놓여 있는 일을 헤쳐 나가면 그 어떤 난관도 극복할 수 있다.

　　사회의 여러 집단이나 환경에서 개인 스스로가 인정을 받으면 살아가는 힘과 용기가 생겨서 개인이 발전을 하게 되는 것이다.

　　모든 일은 스스로 각자 하기 나름이다. 이제 성장하는 4차 산업혁명 시대의 학생들은 공부 경영을 잘해서 자기 인생에 대해 강한 책임 의식을 갖는 사람이 꼭 되길 바란다.

　　인생살이는 그 자체가 본인 스스로 직접 해결해 가는 과정이고, 그 해결 과정이 소중한 가치가 된다.

　　따라서 이 넓은 세상에 학생들이 저마다 꼭 필요한 사람으로서 능력과 소질을 잘 파악하여 노력해 가면 인생살이가 행복하게 되고, 또 행운이 뒤따라 주위 사람들로부터 인정받는 사람으로 살아갈 수가 있다. 이렇게 만들어 가는 우리의 인생살이는 소중하고 흥미롭다.

10

········공부 경영에 대한 이야기 ·······

공부 경영은 주로 학교에서 하는 것으로 알고 있다. 대개 학교 선생님의 가르침을 듣는 것만이 공부 경영을 다 하는 것이라고 생각하고 있는데(학원, 과외지도도 마찬가지로 생각하고 있음), 이것은 공부 경영에 대한 잘못된 인식이다. 공부 경영 역시 배우는 사람이 주체가 되어야 한다.

공부 경영 이라는 것이 그렇게 쉽고 만만한 것이 아니다.

첫째, 교과서를 통해 내일 공부할 내용들을 예습하고.

둘째, 학교 선생님의 강의 내용을 주의 깊게 듣고(예습 내용들을 비교 생각하면서 듣기).

셋째, 교과서, 노트를 통해 오늘 공부한 내용들을 복습하는 학생의 기본적인 자세가 4차 산업혁명 시대에 반드시 필요하다.

즉, 예습 공부 경영, 강의 내용 듣기 공부 경영, 복습 공부 경영 이 세 가지 공부 경영을 3박자 공부 경영이라고 한다면 학생들은 이 3박자 공부 경영을 꾸준히 생활화 해야 한다.

공부 경영이 이렇게만 한다고 되는 것은 아니다. 공부 경영 생활이 체계적이어야 하고 계획적이어야 하며 특히 과학적이어야 한다. 공부 경영을 늘 분석하고 종합평가해야 한다.

이런 것들을 학생 자신의 몫으로 인식하고 끊임없이 3박자 공부 경영을 생활화 하는 학생들이 있다. 연구결과 전체 학생들의 5%가 3박자 공부 경영을 하고 있고, 15% 정도는 흉내를 내고, 80% 정도는 그저 시간표 내용에 따라 학교 수업에 참여하고 있는 실정이며, 수업 내용을 따라가지 못하는 경우도 있다.

여기서는 5% 학생들의 공부 경영에 대한 고민은 내버려두고, 95%인 대부분의 학생들의 일반적인 고민인 '어떻게 효과적으로 공부 경영을 할 것인가?' 하는 문제를 풀어 볼 것이다.

대부분 학생들이 3박자 공부 경영을 하지 않고 있다. 이 3박자 공부 경영은 공부 생활에 있어서 기본기이다. 3박자 공부 경영을 해야만 학교 수업을 정상적으로 불편 없이 이해하고 따라갈 수가 있다.

4차 산업혁명 시대에 공부 경영이라는 것은 교과서 내용에 대해 생각하고 고민하고 연구하고 이해하는 과정을 여러 번에 걸쳐 연습, 훈련하는 과정이다. 이런 과정을 하루도 쉼 없이 진행해야만 공부 경영에 있어 성과를 올릴 수가 있고, 공부 경영에 대한 고민을 떨쳐 낼 수가 있다.

학생 스스로 공부 경영해야 할 몫이 학교 선생님이 가르치는 몫보다 더 크다. 바꿔 말하면 학교 선생님의 가르침이 30%라면 학생이 해야 할 자율적인 공부 경영은 70%이다.

이런 마음가짐으로 공부를 하면 학교 공부 경영을 재미있게 할 수 있다. 왜냐하면 모르고 있던 내용들을 알게 되고 이해하게 되면서 머릿속에 저장되기 때문에 4차 산업혁명 시대인 미래를 희망적으로 바꿀 수 있다.

또한, 공부 경영이 사람을 고민하고 어렵게 하고 귀찮게 하는 것만이 아니라는 것을 알게 된다. 학생 스스로 계획적으로 열심히 공부 경영을 해보지도 않고 자포자기 하는 것은 어리석은 짓이다.

여러분의 미래는 여러분의 하루하루 규칙적인 공부 경영 생활에 달려 있다. 공부 경영은 실력을 쌓는 과정이고, 규칙적인 예습 복습을 통한, 훈련하는 과정이다.

따라서 공부는 규칙적으로 공부 경영 습관을 길들이는 것이다. 이 습관이 만들어졌느냐, 만들어지지 않았냐에 따라 공부 경영을 잘하고, 못하고가 결정된다.

學 而 時 習 之 不 亦 說 乎
배울(학) 말이을(이) 때(시) 익힐(습) 갈(지) 아니(불) 또(역) 기뻐할(열) 어조사(호)
(배우고 때때로 익히면 또한 기쁘지 아니한가)

11

.... 공부경영을 효과적으로 .... 할 수 있는 방법 이야기

이 세상 모든 일이 아무렇게나 해서 좋은 결과를 얻을 수 없다. 뚜렷한 목표, 좋은 방법, 바른 생각, 실천 의지, 자신의 노력, 시간 등을 규칙적으로 투자해야만 좋은 결과를 얻을 수 있다.

적어도 하루 일과에 대해서는 본인(스스로)의 책임 하에 처리해야 한다는 생각과 공부성과는 본인의 태도에 따라 그 결과가 전혀 다르게 나타난다는 것을 가슴에 새기면서 하루하루 공부생활을 해야 한다.

첫째, 확고한 목표를 세운다.

둘째, 규칙적이고 계획적으로 공부 경영을 생활화 한다.

셋째, 하루도 게을리 하지 말고 꾸준히 밀고 간다(게을리 하면 공부나 모든 일에 있어서 되는 일이 없다).

넷째, 공부 경영 성과를 기대하려면 본인의 시간 투자와 노력을 해야 하는 연습(훈련) 과정이 필요하다.

다섯째, 본인의 강력한 의지로 교과서를 통한 예습 50%, 학교 수업 받기 30%, 복습 20% 정도의 노력이 필요하다.

여섯째, 학교 공부시간 외 본인이 쓰는 시간 중에서 공부 경영 진행 과정을 시간별로 기록하고 예습 복습 경영 내용을 기록해서 객관화 한다.

일곱째, 실천 사항들을 꼼꼼히 검토하고 반성한다.

여덟째, 공부의 맛과 글의 맛이 잘 나지 않을 때 **류기오식** 대화식 학습 방법으로 한다.

아홉째, 공부하는 습관을 계획적으로 길들인다.

이들 아홉 가지를 꾸준히 실천해 가면 공부 경영의 의욕이 생기며 공부 경영 부담이 줄고, 4차 산업혁명 시대인 미래에 대한 불안감도 훨씬 줄어든다.

學 而 時 習 之 不 亦 說 乎
배울(학) 말이을(이) 때(시) 익힐(습) 갈(지) 아니(불) 또(역) 기뻐할(열) 어조사(호)
(배 우 고 때 때 로 익 히 면 또 한 기 쁘 지 아 니 한 가)

12

공부 경영의 눈과 글의
눈에 대한 이야기

사람은 깨달음의 존재다. 자아(나 자신) 발견을 통해서 이 사회에서 필요한 그릇으로 만들어지는 과정이다.

공부 경영을 아주 잘하는 학생은 근본적으로 바른 공부 경영의 눈과 글에 눈이 타고나 빨리 터득하는 경우다. 그러나 이는 일부 5% 정도이다. 깨달음의 과정을 통해 바른 공부 경영의 눈과 글의 눈을 뜨게 되면서 차차 발전하는 경우가 대부분이다. 이는 선천적인 것보다 후천적인 것이라고 말할 수 있다.

모든 것에는 눈이 있다. 어떤 일을 바르게 인식하고 이해하는 것이 바로 눈이다.

대부분 학생들이 바른 공부 경영의 눈과 글의 눈을 뜨지 못해 공부 경영 고민에 빠지게 되므로 과연 무엇이 공부 경영의 눈이고, 글의 눈인지 알아보고자 한다.

🔦 공부 경영의 눈

공부 경영의 좋은 결과(실력)를 얻으려면 실제로 좋은 결과(실력)가 이루어질 수 있도록 공부 경영 생활 자체를 보다 능동적으로 계획성 있게 실천해 나가야 한다.

이와 같이 공부 경영을 바르게 이해하고 순서대로 해내는 것을 공부 경영의 눈이라고 한다(3박자 공부를 해내는 것을 말한다). 이때 공부 경영의 눈을 뜨게 된다.

A. 공부 경영의 눈을 뜨게 하는 실제 방법
- 3박자 공부 경영 중 예습, 복습을 할 때 **류기오식ʳ 대화식 학습 방법**으로 한다.

B. 공부 경영의 눈이 뜨는 상태
- 공부 경영에 대한 좋은 생각과 공부 경영의 맛을 느낀다.
- 어렵게 생각했던 공부 경영을 편안하고 즐겁게 느낀다.
- 공부 경영을 꾸준하고 부지런히 하려는 의지가 만들어지고 있다는 것을 느낀다.
- 학교 공부 경영이 재미있고 즐거워진다는 것을 느낀다.
- 공부 경영에 대한 바른 이해와 애착심이 많아지게 되고 있다는 것을 느낀다.

🛋 글의 눈

책 속에 있는 글의 내용을 파악하고 이해하게 되면서 관심과 즐거움이 생기는 상태를 바른 글의 눈이라고 한다.

A. 글의 눈을 뜨게 하는 실제 방법

- 3박자 공부 경영 중 예습, 복습할 때 **류기오식[式] 대화식 학습 방법**으로 공부 경영한다.
- 소리를 내어 읽으면서 공부 경영을 한다.

   * 독서력이 떨어진 학생, 공부 경영에 관심이 없는 학생 모두, 여기에서 독서력은 눈으로 읽는 능력을 말한다. 독서력이 부족한 학생은 집중력이 부족하고 성급한 마음이 있고, 모든 사물에 대한 소리 이해와 낱말(어휘)에 대한 개념 이해가 부족한 사람을 말한다.

B. 글에 눈이 뜨는 상태

- 글에 대한 좋은 이해와 글의 맛을 느낀다.
- 책 내용에 대해 거부감이 줄어짐을 느낀다.
- 책 자체를 대하기가 즐거워지고 있음을 느낀다.
- 책의 내용 파악력과 이해력이 향상되는 것을 느낀다.

인생은 노력하는 것이다.

13

학부모님의
자녀 공부에 대한 이야기

배움의 과정을 통해 공부를 알게 되었고, 공부의 결과가 어떻게 인생살이에 영향을 미치는 가를 학부모님들은 잘 알고 있다. 따라서 사회생활 안에서 많은 갈등을 겪은 학부모님들은 내 자식만큼은 본인보다 더 훌륭한 사회 일꾼으로 만들어 내고 싶은 마음으로 다짐하게 된다.

학부모님들은 일반적으로 '공부를 부지런히 잘해야 한다'는 인식을 갖고 있다. 자녀들도 상급 학교로 올라갈수록 그 인식은 점차 넓어지고 강도는 더 강해진다. 학부모님의 입장에서 확고한 신념으로 자녀 공부를 타이르는 것은 보편적이다. 공부는 '자녀'가 해가는 것이므로 자녀가 주체이고, 타이르는 학부모님은 객체이다. 학부모님이 확고한 결연 의지로 자녀를 타이르는 것은 운전자 옆 좌석에 앉아 운전 기술을 지나치게 코치하는 것과 같다. 운전자는 운전을 할 수도 있고, 안 할 수도 있고, 오히려 운전을 난폭하게 할 수도 있다.

적게 타이르고 스스로 운전을 터득하여 훌륭한 Best driver
가 될 수 있도록 지켜보는 것이 코치의 역할이다. 즉 공부의 기
술, 요령을 쌓아가면서 공부 경영 능력을 자기 주도적으로 발휘
할 수 있도록 해야 한다는 것이다. 그러면 자녀들은 자연적으로
학습 역량을 갖춘 학생으로 성장할 수 있다.

학부모님이 열정과 정성으로 자녀를 코치했음에도 불구하고
주체인 자녀가 상급학교에 올라갈수록 공부에 관심과 흥미가 없
다면 자녀를 향한 지나친 타이름을 중단해야 한다. 자녀들은 잔
소리로 이해하기 때문이다. 자녀 인생의 책임자는 학부모님이 아
니므로 학부모님은 자녀 스스로 능력과 소질을 찾아 뽐낼 수 있
도록 조언해 주어야 한다. 지금, 학부모님은 자녀가 책과 교과서
를 친근하게 손에 자주 들고 펼쳐 보는지 파악해야 한다.

4차 산업혁명 시대에 공부지능(SI)이 생활화, 습관화 될 수 있
도록 도와주는 것이 최고의 충고이다.

學　而　時　習　之　不　亦　說　乎
배울(학)　말이을(이)　때(시)　익힐(습)　갈(지)　아니(불)　또(역)　기뻐할(열)　어조사(호)
(배 우 고 　때 때 로 　익 히 면 　또 한 　기 쁘 지 　아 니 한 가)

14

공부 경영의 기본 교재는
'교과서다'라는 이야기

전체 1~10% 정도만 교과서를 가지고 공부지능(SI)으로 공부 경영(예습, 강의듣기, 복습)을 하여 교과서 내용을 잘 파악하고 이해하려고 노력하면서 학습을 충실히 하고 있다. 그러나 90%에 가까운 대부분의 학생들은 교과서를 보며 스스로 학습하려는 마음가짐이 없고, 학원을 쫓아다니면서 남이 안내하고 가르쳐 준 선행학습(예습)에 의지한다. 남이 대신 씹어 주는 밥을 되받아 삼키는 것과 같다.

A. 공부는 배우고자 하는 것을 읽어 보고, 그 내용을 파악하면서 스스로 노력하는 것이 먼저이다. 이것이 바로 참 공부의 의미이며, 예습 공부 경영의 틀이다.

B. 학교에 가서 선생님의 지도 교육을 열심히 듣고 정리해 가는 것이 듣기 요령이다.

C. 집에 와서는 예습 공부 경영, 강의듣기 공부 경영, 다음으로 마무리인 복습 공부 경영을 혼자 스스로 학습해 간다. 이것이 바로 참 공부의 의미이며, 복습 공부 경영의 틀이다.

D. 교과서 낱장들이 너덜너덜해질 정도로 교과서를 들춰 보면서 싸워야 한다.

이렇게 하면 공부 고민을 해결할 수 있고, 공부 경영 감각을 만들 수 있다. 또한 교과서와 친구가 될 수도 있다. 이렇게 되는 것이 공부 경영의 기본 교재를 다루는 기법이며, 교과서를 통한 공부 경영의 눈과 글의 눈을 뜨는 첫걸음이자 지름길이다.

남이 지도하고 가르쳐 준 대로 교과서 내용을 이해하면 공부의 흥미와 관심이 떨어지고 교과서와 친해질 수가 없다. 교과서 내용을 잘 이해하기 위해서는 자습서와 참고서를 참고하고, 문제를 직접 풀고 해결하면서 현재 자신의 실력을 확인해야 한다. 실력이 흡족하지 못 할 때는 다시 교과서를 확실하게 이해해야 한다. 자습서와 참고서, 문제집을 이용하면 공부 고민이 해결된다. 어쨌든 스스로 공부 경영이 안 될 때는 **류기오식ᵏ 대화식 학습 방법**으로 해보면 공부 경영의 눈과 글의 눈을 뜰 수 있다.

인생은 노력하는 것이다.

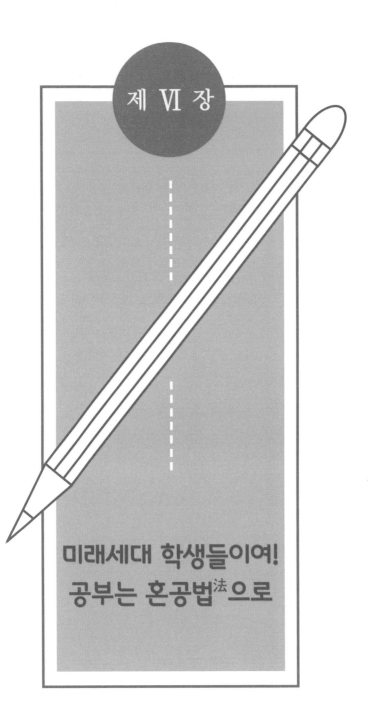

제 VI 장

미래세대 학생들이여!
공부는 혼공법法으로

1. 공부 경영에 대한 열등감 해결책은 '교과서의 예습'이 최고라는 이야기

2. 공부 경영의 마무리는 '교과서의 복습'이라는 이야기

3. 능률적인 학습 역량을 키우는 학습법 이야기

4. 공부 경영법을 원활히 하기 위한 이야기

5. 공부 경영 내용에 대한 기억력을 높이는 방법 이야기

01

공부 경영에 대한 열등감 해결책은 '교과서의 예습'이 최고라는 이야기

학교에서 진행될 교과서의 내용을 예습을 통해서 여러 차례 접촉함으로써 수업에 대한 불안감을 줄일 수 있도록 노력해야 한다.

자율 주행 공부 학습 능력인 혼공법法을 스스로 만들자.

A. 교과서 내용을 미리 파악하고 준비하지 못하면 그 내용에 대한 이해 부족으로 학교 공부 자체가 어설퍼진 상태에서 수업 진행만 자꾸 앞으로 나가게 된다. 따라서 수업 내용을 점점 더 모르게 되면서 학교 공부는 미로에 빠지고 만다.

B. 이러한 현상을 막는 데 예습이 제일이다.

C. 수업에 진행될 교과서 내용을 미리 몇 차례 읽어 보는 것이 수업 받을 교과서 내용들을 느닷없이 맞닥뜨리는 것보다는 훨씬 낫다.

D. 예습은 수업의 흐름을 원활하게 해 나가는 비결이다.

E. 내용의 파악이 잘 안 될 때는 **류기오식**[주] **대화식 학습 방법**으로 하는 것이 이해하는 데 도움이 된다.

예습해라. 수업 중에 느끼는 열등감을 자신감으로 바꾸어 줄 것이다.

F. 예습이 없으면 수업 중에 '선생님으로부터 지명을 받지 않을까?' 하는 불안감이 증가한다.

　특히 모르는 대목이 나오면 '머리가 나쁜 것 아닌가?' 하는 생각에 스스로 회의에 빠져 열등감을 점점 느끼게 된다.

G. 그러나 예습만 하면 '나를 지명해 주었으면' 하는 기대감이 생기고, '이 부분은 내가 이해한 것 같다'는 생각이 들어 수업이 재미있어 진다.

H. 같은 수업을 받아도 이처럼 심리상태의 차이가 있기 마련이다.

I. 따라서 학교 공부의 결과에도 커다란 차이가 나타나게 된다.

J. 그러므로 열등감을 가진 학생이라면 예습을 하는 것이 제일 좋다.

인생은 노력하는 것이다.

02

.........공부 경영의 마무리는.........
'교과서의 복습'이라는 이야기

 자율 주행 공부 학습 능력인 혼공법^法을 스스로 만들자.

A. 예습 중심의 공부 경영을 하는 학생 중에는 '예습을 철저히 했으니까 복습은 하지 않아도 된다'는 생각을 하는 경우가 있다.

B. 그렇게 하면 '철저히 한 예습'의 성과가 없어지고 만다.

C. 모든 일에는 균형이 필요하듯이 공부에도 예습과 복습의 균형을 효과적으로 잡는 것이 중요하다.

D. 예습 시간이 많은 과목은 복습을 간단하게 하고, 예습을 가볍게 한 과목은 복습을 철저히 함으로써 균형을 잡는다.

E. 따라서 전과목 골고루 균형 잡힌 높은 점수를 받을 수 있다.

F. 그리고 예습과 복습 중 어느 쪽에 중점을 두든 교과서만은 철저히 읽는다.

03

능률적인 학습 역량을 키우는
학습법 이야기

 자율 주행 공부 학습 능력인 혼공법^法을 스스로 만들자.

※ 예습, 복습 계획은 계획대로 하루도 빠짐없이 실천한다.

A. 공부 경영에 있어서 예습, 복습은 우리들이 식생활 하는 것
   이나 다름이 없다. 따라서 우리가 먹는 밥을 하루라도 거를
   수 없듯이 예습, 복습을 마음먹은 대로 하루하루 꾸준히 밀
   고 나가야 한다.

B. 음식을 먹고 성장하듯이 학생은 예습, 복습을 해서 실력을
   향상 시키게 된다.

C. 그러므로 재미있는 공부 경영을 하게 된다.

D. 예습, 복습은 바로 학교 공부의 지름길이며, 성장제이고 촉
   진제이다.

과목의 성격과 자신의 실력에 맞추어 독자적인 예습, 복습 시스템을 만든다.

1) 예습코스
- 교과서를 10번 이상 읽는다.
  (이해와 집중이 잘 안 될 때 류기오식^式 대화식 학습 방법으로)
- 사전, 자습서, 참고서, 옥편, Internet 등으로 이용하여 모르는 내용을 공부한다.
- 밑줄을 그어 요점을 파악하여 **예습 공부 경영 일지**에 정리 기록한다.
- 문제를 풀어 본다(수학, 과학).
- 모르는 대목에는 표시를 해 둔다.

2) 복습코스
- 교과서를 10번 이상 읽는다.
  (이해와 집중이 잘 안될 때 류기오식^式 대화식 학습 방법으로)
- 학교 수업에서 선생님이 강조한 내용을 요점 정리하여 **복습 공부 경영 일지**에 기록한다.
- 강조한 요점들을 암기한다.
- 확실히 이해가 되지 않는 내용은 다시 공부 경영해서 정리한다.
- 문제를 다시 풀어 본다(수학, 과학).

어디를 질문할 것인가를 정해 둔다.

A. 예습할 때는 다음 수업에서 질문할 부분을 찾아내면 좋다.
B. 모르는 부분은 말할 것도 없지만 자기 힘으로 이해한 것을
   질문이라는 형식으로 확인하는 것도 효과적이다.
C. 질문 부분은 노트에 써 둔다.

인생은 노력하는 것이다.

04
공부 경영법을
원활히 하기 위한 이야기

*자율 주행 공부 학습 능력인 혼공법^法을 스스로 만들자.

하기 싫은 과목부터 공부한다.

A. 대부분의 학생들은 자신이 어떤 과목에 취약한지 알고 있다.

B. 그것부터 공부해야 한다고 마음속으로 생각하면서 실제로
   는 뒤로 미루기만 한다.

C. 자신도 모르게 손대기를 주저하는 것이다.

D. 그러나 언제까지나 '내일, 내일' 하고 내일 plan에만 매달리
   면 절대로 성과가 없다.

E. 싫은 것부터 먼저 해 버리는 것이 학습 흐름을 원만하게 하
   는 요령이다.

F. 처음에는 다소간 용기가 필요하지만, 일단 시작하면 뜻밖에
   도 저항감이 적은 법이다.

G. 사람은 본래 조금씩 게으르다.

H. 무슨 일을 하든 막바지에 이르지 않으면 좀처럼 행동하려 하지 않는다.

I. 모처럼 고생해서 세운 계획이 '단순 계획'에 그쳐버리고 마는 것도 그런 이유 때문이다.

J. 이 게으른 성질을 버리고 계획을 실천에 옮기기 위해서는 시간에 대한 이미지를 바꿔야 한다.

K. 예를 들어 시험을 2주일 앞두고 치밀한 계획을 세웠다 해도 '아직 2주일이나 남았다'고 생각하면 마음이 해이해진다.

L. 마음을 굳게 먹고 '이제 2주일 밖에 남지 않았다'로 바꾸어 생각한다.

M. 그러면 시험 날짜에 임박해서 어쩔 수 없이 책상 앞에 앉게 되는 일은 없을 것이다.

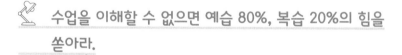

수업을 이해할 수 없으면 예습 80%, 복습 20%의 힘을 쏟아라.

A. 학교 수업을 이해할 수 없고 그로 인해 성적이 오르지 않는 학생은 예습 위주로 학습 방법을 전환할 필요가 있다.

B. 단 예습 중심이라 해서 복습을 하지 않아도 된다는 것은 아니다.

C. 여기서 말하고자 하는 것은 예습을 충분히 해두면 복습에 소비하는 시간이 저절로 짧아진다는 뜻이다.

D. 예습을 잘해 두면 수업의 80~90%는 이해할 수 있다.

E. 따라서 복습은 나머지 10~20%만 하면 되는 것이다.

F. 만일 이것이 반대가 된다면 같은 효과를 내는 데 필요한 공부 시간은 아마도 몇 배가 될 것이다.

學 而 時 習 之 不 亦 說 乎
배울(학) 말이을(이) 때(시) 익힐(습) 갈(지) 아니(불) 또(역) 기뻐할(열) 어조사(호)
(배 우 고 때 때 로 익 히 면 또 한 기 쁘 지 아 니 한 가)

05

공부 경영 내용에 대한 기억력을
높이는 방법 이야기

 메모(memo)를 하라.

　꼭 기억할 것들을 메모지에 적어 활용하면 잊어버릴 일이 없어진다.

　　　예) 수학은 노란색 Memo지를 책상 위에 놓는다.

　　　　영어는 파란색 Memo지를 화장실에 붙여 놓는다.

연상을 하라.

　늘 잊지 않고 되풀이 하는 어떤 일과 연결시켜 기억한다.

　예) 비타민 약 먹는 것을 매번 잊어버린다면 아침밥을 먹을 때마다 비타민 약을 자동적으로 떠올리도록 해 봐라.

소리 내어 말하라.

　감기 처방전은 책상 맨 뒤 서랍에 넣는다는 식으로 꼭 기억해둘만한 것들은 그 일을 할 때 입 밖으로 소리 내어 말해 본다. 자기

가 말하는 것을 들으면서 읽으면 집중력이 높아지고 기억도 오래
간다.

머릿속에 그려 보아라.

새로운 것을 배웠을 때는 머릿속에서 그 일을 여러 번 되풀이
해 주면 그다음 번에 쉽게 기억을 떠올릴 수 있다.

예) 방정식을 푸는 순서를 배운다면 상상 속에 방정식 문제를
놓고 순서대로 몇 번이고 연습한다.

오감五感을 동원하라.

새로운 정보를 받아들일 때 청각에만 의존하지 말고 시각, 후
각 등 다른 여러 감각을 동원한다. 그 정보를 들을 당시의 주위
풍경이나 정보를 듣고 난 뒤의 느낌 등을 모조리 떠올리는 것.

노래로 만들어라.

나열된 단어들일 경우 부르기 쉬운 간단한 노래로 만들어 외
우면 잊혀 지지 않는다.

운동을 하라.

육체적인 운동은 뇌 속의 산소량을 증가시켜 두뇌의 활동을
도와준다.

이 일곱 가지를 이용하는 것이 공부 경영 효과를 확실히 높
일 수 있다.

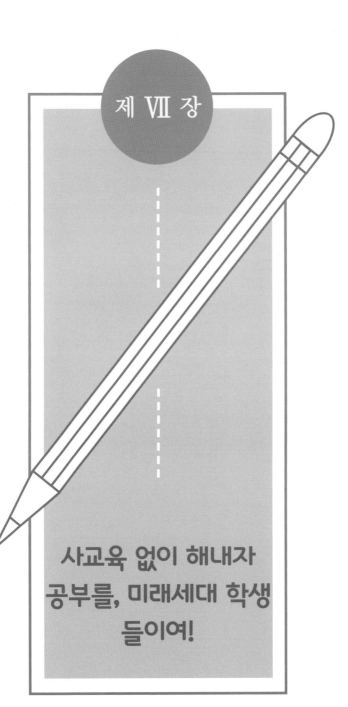

제 VII 장

사교육 없이 해내자
공부를, 미래세대 학생
들이여!

01

토론식 수업을 위한
'류기오식^式 대화식 학습 방법'에 대한 이야기

* 선조들의 학습방법

A. 선조들은 소리를 통해 공부의 눈과 글의 눈을 뜨게 되었고, 글 내용을 제대로 파악하면서 재미와 흥미를 가지고 공부를 했었다.

B. 표의문자^{表意文字}(뜻글자)인 한자를 소리 내서 공부해 왔고, 음문^{音文}인 한글 역시 소리 내서 공부를 했었다.

C. 대부분 선조들은 소리 때문에 공부를 즐겁게 해냈다.

D. 선조들은 많은 학습 내용을 소리를 통해 머리에 입력^{入力}했기 때문에 글의 눈을 바르게 뜨게 되었고, 결국 소리 냄 없이(눈으로 읽는 독서 상태를 말함) 공부하는 일을 잘 할 수 있었다.

* 오늘날 학생들의 공부 자세의 문제점

A. 대체로 공부를 잘 못하는 학생들은 바른 공부의 눈과 글의 눈이 만들어져 있지 않다.

B. 오늘날 학생들은 소리 내어 읽어 본 경험이 적고, 소리 냄 없이 바로 눈으로 읽는 습관 때문에(눈으로 읽을 때는 안정된 정서와 집중력이 절대 필요) 글 내용 파악이 쉽지 않아 공부에 대한 흥미를 잃고 공부를 짐으로 생각하고 있다.

C. 글의 눈과 공부 경영의 눈을 뜨는 접근방식이 틀렸다는 것이다(일찍이 글눈과 글속이 잘 발달되어 공부를 잘하는 학생은 예외로 한 것임).

D. 또 학생들 스스로 공부에 대해 고민하고 생각하고 연구하고 연습하려는 의지가 부족하고.

E. 특히 공부하면서 깊이 머리를 쓰지 않는 데 문제가 있다.

F. 공부하는 데 참고 이겨내는 자세가 상당히 부족하다.

이를 해결하기 위해서 **한국 최초로 '류기오식ᴿ 대화식 학습 방법'을** 창안해 냈다.

과연 '류기오식ᴿ 대화식 학습 방법' 이란 무엇인가

공부 내용에 대해 이해가 바로 안 되고 막혀 있을 때 소리를 내어 읽는다는 것이다.

A. 알 때까지 소리를 내서 여러 번 읽는 하나의 공부 수단이다.

B. 다시 말해 공부의 눈과 글의 눈을 바르게 뜨게 해 주고 좋은 공부 경영 습관(3박자 공부 경영)을 길러 주는 방법을 말한다.

'류기오식ᴿ 대화식 학습 방법'은 가상의 상대에게 공부 내용을 설명하듯이 소리 내어 읽는 학습 방법을 말한다.

A. 서양 격언에 "가르치는 것이 배우는 것이다."라는 말이 있다.

B. 소리 내는 '류기오식^式 대화식 학습 방법'은 그 내용들을 들으면서 본인 스스로 이해와 정리의 기초를 만들 수 있어서 좋고,

C. 암기의 시작이 될 수 있어서 좋고,

D. 집중력을 키울 수 있어서 좋다.

따라서 다음과 같은 진행 요령이 필요하다.

첫째, 학습 내용에 대해 스스로 대화식으로 진행한다.

둘째, 대화식을 할 때는 즐겁고 가벼운 마음으로 진행한다.

셋째, 대화식을 통한 공부를 할 때에는 내용이 이해될 때까지 여러 번 진행한다.

넷째, 대화식을 할 때에는 공부에 대한 의욕이나 욕구를 느끼도록 진행한다.

＊ 자율 주행 공부 학습자의 길인 혼공법^法이 열린다.

'류기오식^式 대화식 학습 방법'에 따른 변화된 결과

첫째, 머리 쓰는 공부를 하게 된다.

둘째, 공부에 자신감이 생기게 된다.

셋째, 공부에 대한 흥미가 생기게 된다.

넷째, 공부에 대한 자율능력이 향상된다.

다섯째, 학생의 사고력·창의력·표현력이 향상된다.

여섯째, 바르게 공부하는 습관을 들이게 된다.

＊ 본인이 자율 주행 공부 학습자라는 것을 인식하게 된다.

＊ '류기오식^式 대화식 학습 방법'은 논리적으로 발표력, 표현력, 대화력을 길러 내는 지름길이다.

02

토론식 수업을 위한 교과목별 공부 경영하는 요령 이야기

1) 토론식 수업을 위한 국어 공부하는 요령 이야기

공부지능(SI)으로 혼공법法을 길러내자

- 수업 받을 범위 내에서 모르는 낱말은 자습서나 국어사전을 찾아서 이해 정리를 한다(한자는 옥편을 혹은 Internet 활용).
- 무슨 내용인지 파악하고 이해하려는 의지가 필요하다.
- 꼭 자습서를 통해서 잘 정리된 단락 구분과 그 단락의 뜻, 글 전체의 흐름과 주장을 공부한다.
- 다섯 번 이상 읽으면서 이해가 안 될 때는 '류기오식ᴿ 대화식 학습 방법'으로 해 본다.
- '류기오식ᴿ 대화식 학습 방법'은 논리적으로 발표력, 표현력, 대화력을 길러 내는 지름길이다.

국어에 관한 자율 주행 공부 학습 능력인 혼공법法을 만들자.

2) 토론식 수업을 위한 영어 공부하는 요령 이야기

공부지능(SI)으로 혼공법法을 길러내자

- 모르는 단어와 숙어는 꼭 정리와 단어 소리, 뜻과 익숙해질 필요가 있다. 영어 공부의 짐을 훨씬 덜 수 있다(영어사전을 펼치는 것을 귀찮게 생각하지 말 것, Internet 활용).
- 영어 단어는 '말'이기 때문에 항상 '입'을 통해서 음절 단위(소리마디)로 소리를 내서 연습한다(저자가 연구한 것이고, 1994년 책을 펴냄).
- 문장을 50번 이상 소리를 내서 천천히 읽으면 영어적 표현 사고방식에 적응되어 회화가 저절로 될 수 있다(영어 표현 사고방식의 표현 문화에 익숙해져야 한다).
- 문장의 문법적 설명은 '자습서'를 통해서 공부한다(학교 선생님 설명과 거의 같음).
- 영어 회화를 잘 할 수 있는 방법은 영어 문장을 무조건 '입'으로 크게 소리 내서 천천히 100번 정도 훈련하면 해결된다(영어 표현 사고방식의 표현 문화가 완전히 이해가 될 때 영어 회화가 술술).
- 영어는 표현 사고방식이 한국어와 다르므로 영어문장 표현대로 천천히 이해하는 훈련이 꼭 필요하다. 즉, 직독직해直讀直解.

  * 해석요령 영어 문장 위에 단어마다 뜻을 써 놓고 한국어 표현대로 정리해 보면 해석능력이 향상(자습서에 해석된 것을 비교해 보면 해석 능력 스스로 빠르게 성장).

영어에 관한 자율 주행 공부 학습 능력인 혼공법法을 만들자.

3) 토론식 수업을 위한 수학 공부하는 요령 이야기

 공부지능(SI)으로 혼공법法을 길러내자

- 방정식은 기본적으로 개념 정의 공식을 알 수 있을 때까지 여러 번 이해 훈련을 해야 한다.
- 한두 번 해서 어렵다고 생각하지 말고 5번 이상을 '류기오식ᵗ 대화식 학습 방법'으로 하면 된다(세상 모든 것이 한두 번 해서 쉽게 되는 것이 없다. 해결하려는 정신이 필요).
- 예제, 문제에 대해서 스스로 연필을 들고 생각하고 연구하면서 '류기오식ᵗ 대화식 학습 방법'으로 하면 풀린다. 공부 경영의 머리를 써라.
- 문제가 안 풀릴 때는 반드시 '자습서'를 보고 풀이 과정을 생각하고 연구한다.
- 즉 머리를 쓰면 풀린다. 이것도 '류기오식ᵗ 대화식 학습 방법'으로 설명하듯이 혼자 해보면 이해하는 데 도움이 된다.
- 학교에서(학원 과외도 마찬가지) 선생님의 설명을 듣기 전에 위의 다섯 가지를 꼭 스스로 해 봐야 수학에 대한 부담이 없다.
- '류기오식ᵗ 대화식 학습 방법'으로 공부하면 수학이 즐거운 과목이 될 수 있다.

＊ '류기오식ᵗ 대화식 학습 방법'은 논리적으로 발표력, 표현력, 대화력을 길러 내는 지름길이다.

수학에 관한 자율 주행 공부 학습 능력인 혼공법法을 만들자.

4) 토론식 수업을 위한 기타 과목 공부하는 요령 이야기

공부지능(SI)으로 혼공법[法]을 길러내자

모든 과목의 단원별, 소단원별로 설명되어 있는 것을 '류기오식[式] 대화식 학습 방법'으로 차근차근 설명하듯이 이해훈련을 해본다(알 때까지 반복해야 한다).

모르는 단어 낱말은 반드시 국어사전, Internet을 통해 뜻을 알고 공부한다.

과학 문제 풀이는 수학과 마찬가지로 한다.

* '류기오식[式] 대화식 학습 방법'은 논리적으로 발표력, 표현력, 대화력을 길러 내는 지름길이다.

사회과목(사회탐구), 과학과목(과학탐구)에 관한 자율 주행 공부 학습 능력인 혼공법[法]을 만들자.

03

····· 학교 공부 경영 요령 이야기 ·····

1) 학교 강의 듣기 요령 이야기

A. 강의를 듣기 위한 사전 준비(예습)없는 학교 공부

- 도대체 학교 공부 경영이 어떻게 돌아가는지 궁금증 증가
- 학생 스스로 공부 경영이 짐으로 생각하는 마음만 증가
- 공부 경영이 어렵다는 생각만 증가
- 공부 경영에 대한 혐오감과 공포증 증가
- 공부 경영은 자기 자신에게 맞지 않는다는 자포자기하는 마음만 증가
- 인생에 대한 두려움과 고민만 증가
- 학교 공부 경영에 대한 관심과 흥미가 줄어드는 현상만 증가

B. 학교 강의 듣기 준비

앞의 문제점들에 대해 해결 방법이 있다.

학교 시간표대로 사전 준비 학습인 예습 공부 경영을 매일 꼼

꼼히, 성실히 하다보면 앞서 말한 문제점들이 없어진다. 말끔하게 점점 없어진다.

C. 학교 강의 듣기 효과

- 예습한 내용들과 비교해서 강의를 주의 깊게 듣는다.
- 예습할 때 이해가 덜 됐던 부분을 잘 이해 정리하는 자세로 듣는다.
- 예습할 때 문제를 풀어 본 것 중에서 잘 안 풀리고 막혔던 문제들은 본인 스스로 풀 때 고민했던 점과 비교해서 주의 깊게 듣는다.
- 예습할 때 개념, 정의가 잘 이해되지 않았을 때는 본인이 고민했던 점과 비교해서 질문하고 주의 깊게 듣는다.
- 선생님이 강의할 때 강조한 부분을 주의 깊게 듣는다.
- 학교 강의를 들을 때는 잡스러운 생각을 떠올리지 말고 강의에만 집중해서 듣는다.
- 선생님은 그 해당 과목의 내용을 학생들에게 잘 설명해서 안내하는 전문 안내자이자 조력자이므로 학생 여러분은 잘 듣고 따라갈 의무와 책임이 있다는 것을 새롭게 깨닫게 된다.

학교 공부에서 위의 사항을 불성실한 자세로 하면 공부 경영에 대한 성과가 없고, 발전도 할 수가 없다.

D. 강의를 듣기 위한 준비 학습인 예습 효과

- 선생님의 강의 내용이 잘 이해된다.

- 선생님의 강의 내용을 듣기가 쉽다
- 선생님의 강의 내용이 재미있고 관심이 점점 많아진다.
- 선생님의 강의 내용을 통해서 얻어지는 지식의 증가로 학교 가기와 수업이 즐거워지고 흥미로워진다.
- 선생님의 강의 내용으로 알게 되는 것이 많아지게 된다.

2) Note와 Memo지 이용 요령 이야기

A. Note 이용 요령

학교 공부 경영에 있어서 선생님의 강의 내용만 듣고 마는 것은 매우 위험천만한 것이며, 그 강의 내용은 바로 소멸되기 때문에 기록으로 남겨야 한다. 선생님의 강의 내용을 연필을 들고 빠짐없이 기록하는 것이 중요하다.

기록은 공부 경영을 계속적으로 할 수 있는 수단이다. 특히 잘 받아쓰는 습관이 공부 경영을 잘하는 수단이 된다.

* 대부분의 학생들이 제목과 번호 내용들을 한 선에 맞추어 쓰므로 Note 내용들이 눈에 띄게 구분이 되지 않고 있다.

a. 바른 Note 기록 방법

제 1 장
제1 단원 .....
1...
2...

B. Memo지 이용 요령

과목별로 색색의 Memo지를 이용하든지 흰색 Memo지에 여러 가지 색의 필기도구를 이용해서 지루하지 않고 활력 있게 공부 경영을 한다.

선생님이 강의 중 강조한 내용이나 꼭 암기가 필요한 것은 Memo지에 Memo해서 그날 공부한 것은 그날 처리한다.

- Memo지를 잘 활용하면 공부 경영이 즐겁다.
- Memo지를 잘 활용하면 공부 경영에 대한 짐을 훨씬 덜 수 있다.

學 而 時 習 之 不 亦 說 乎

배울(학) 말이을(이) 때(시) 익힐(습) 갈(지) 아니(불) 또(역) 기뻐할(열) 어조사(호)

(배 우 고 때 때 로 익 히 면 또 한 기 쁘 지 아 니 한 가)

04

Offline, Online 공부 경영의 기본기와
그 활용 방법

(※이 책의 가치를 꽃 피는 곳)
(자율 주행 공부 학습법 활용 요령)

A. 공부 경영의 구체적인 기본기는 3박자 공부 경영 중에서 예습과 복습이다

B. 모든 운동은 종목에 따라 그 운동의 근본적인 기본기가 있다.

C. 물론 공부 경영에도 기본기가 있다.

D. 바로 3박자 공부 경영이며, 1박자 공부 경영으로써 준비 학습인 예습, 2박자 공부 경영으로써 학교 공부인 강의 듣기, 3박자 공부 경영으로써 반복 공부인 복습 이 세 가지로 하루도 빠짐없이 공부 경영 화음을 만들어 내야 한다.

E. 공부 경영 주체는 학생이다.

F. 교과목별 선생님은 안내자이며, 학생 여러분들의 공부 경영을 도와주는 조력자이며, 객체이다.

G. 예습 50%, 학교 강의 듣기 30%, 복습 20%로 학생의 노력

배분을 70%, 선생님의 학교 강의 준비를 30%로 말한다면 학생 스스로 선생님보다 먼저 머리 쓰는 공부를 해야 한다.

H. 이렇게 할 때 싫증도 나지 않고 모르는 것을 알아가기 때문에 즐거운 것이다.

이를 구체적으로 공부 경영 진행 상황을 매일 기록한다.

A. 오늘의 공부 경영 일지

B. 오늘의 복습 공부 경영 일지

C. 오늘의 예습 공부 경영 일지

D. 공부 경영 진행 상황 평가장

Note나 Mobile에 일지를 쓰는 것이 원칙이지만 시대에 맞춰 Mobile을 이용해 매일 일지를 써서 공부 경영 효과를 만들어야 한다.

학생의 본분!

* Note 4권을 준비해서(이 책의 가치를 실현할 수 있는 것임)

A, B, C, D의 제목대로 Note에 일지를 기록하여 공부지능(SI)을 생활화 습관화해서 공부 고민을 떨쳐 버리고 공부 잘하는 학생으로 성장하자.

인생은 노력하는 것이다.

1) 매일 Note에 기록하는 오늘의 공부 경영 일지 이야기

　학교 수업 시간표 외에 개인 시간의 사용을 기록하는 것을 오늘의 공부 경영 일지라 하며, 시간별로 기록한다.

　※ Note에 쓰는 것이 원칙이지만 Mobile에 써도 좋음.

　예) 오늘의 공부 경영 일지(꼭 이와 같이 공부 생활을 하라는 것이 아니고 '기록요령'임)

시간	실천내용
6:00	기상
6:15	아침운동, 세면
6:30	영어 7과 읽기 2번
7:00	학교 출발
7:30~4:30	학교생활
17:00	집에 도착
17:00~18:00	휴식
18:00~19:00	복습 수학 p.20~p.28, 영어 7과, 사회 p.48~p.58, 과학 p.50~p.60(복습 공부 경영 일지에 복습 내용을 구체적으로 기록해야 한다).
19:00~19:30	저녁식사 및 휴식
19:30~20:00	영어단어 외우기
20:30~22:30	예습 생물 p.100~p.106, 수학 p.29~p.34, 국사 p.48~p.53, 영어 7과(예습 공부 경영 일지에 예습 내용을 구체적으로 기록해야 한다)
22:35	취침

※ 이런 기록들은 자신의 하루를 확인할 수 있어서 좋다.
※ 공부 경영 진행 상태를 눈으로 볼 수 있어서 좋다.
※ 자율 주행 공부 학습자로 변신하자.

오늘의 공부 경영 일지

※ Note에 쓰는 것이 원칙이지만 Mobile에 써도 좋음.

※ Note에 '오늘의 공부 경영 일지' 양식을 만들어 공부를 생활화 하자.

※ 공부 경영 하면서 답답할 때 『공부! 답이 보인다』 책 제Ⅵ장, 제Ⅶ장을 읽는 것이 좋다.

※ 몰라보게 공부의 자율 능력이 향상된다.

※ 공부에 자신감이 생긴다.

20   년   월   일   요일   ✱기록 예) 204page 참고

시간	실천내용

기록상태 : '공부 경영 진행상황 평가장' Note에 checking 부모님에게 1주일 단위로 말씀드리기

오늘의 공부 경영 일지			오늘의 복습 공부 경영 일지			오늘의 예습 공부 경영 일지		
했음	약간했음	안했음	했음	약간했음	안했음	했음	약간했음	안했음
○				○		○		

학생의 반성	

※ 이런 기록들은 오늘 자신이 하루 동안 무엇을 어떻게 실천했는지 확인하고 반성할 수 있어서 좋다.

※ 매월 이 책을 통해 자기주도학습 습관화 하기.

※ 자율 주행 공부 학습자로 변신하자.

오늘의 공부 경영 일지

※ Note에 쓰는 것이 원칙이지만 Mobile에 써도 좋음.

20   년   월   일   요일

시간	실천내용

기록상태 : '공부 경영 진행상황 평가장' Note에 checking 부모님에게 1주일 단위로 말씀드리기

오늘의 공부 경영 일지			오늘의 복습 공부 경영 일지			오늘의 예습 공부 경영 일지		
했음	약간했음	안했음	했음	약간했음	안했음	했음	약간했음	안했음

학생의 반성	

Note에 이 양식을 그려 하루를 보낸 일과를 보고 공부 고민 지우자.

2) 매일 Note에 기록하는 오늘의 복습 공부 경영 일지 이야기

 공부지능(SI)으로 혼공법[注]을 생활화, 습관화 하자.

- ✓ 오늘 학교에서 수업 받은 내용들을 다시 정리·암기한 과정의 기록을 오늘의 복습 공부 경영 일지라 하며
- ✓ 공부 경영 내용에 대해 이해하기 어렵고 관심과 흥미가 없을 때는 '**류기오식[式] 대화식 학습 방법**'으로 천천히 즐겁게 한다.
- ✓ 학교 수업 내용 중에서 선생님이 강조한 강의 내용의 정리·암기가 필요하다.
- ✓ 학교 수업 내용 중에서 이해가 안 되고 풀기 어려운 문제들을 자습서, 참고서, 국어사전, 영어사전, 옥편, Internet 등을 찾아서 생각하고 연구해서 이해가 되도록 해야 한다.
- ✓ 공부 경영의 머리를 써라
- ✓ 복습을 매일 규칙적으로 하면 그날 하루 일과를 잘 마쳤다고 할 수 있고, 공부 짐을 더는 셈이다(반드시 복습 경영 일지에 기록하기, 복습 내용 남기기) (또 시험대비 만점).
- ✓ 그날 배운 것으로 그날 소화해 내는 것이 바로 복습이다.

예) 오늘의 복습 경영 일지

　※ 이런 기록들은 오늘 자신이 무엇을 복습 공부 경영했는가를 볼 수 있어서 좋다.

　※ Note에 쓰는 것이 원칙이지만 Mobile에 써도 좋음.

시간	과목	복습한 범위	복습 내용
18:00	수학	p.20~p.28	..
	사회	p.48~p.58	..
	영어	7과	..
	과학	p.50~p.59	..

※ 자율 주행 공부 학습자로 변신하자

오늘의 복습 경영 일지

※ Note에 쓰는 것이 원칙이지만 Mobile에 써도 좋음.

※ Note에 '오늘의 복습 경영 일지' 양식을 만들어 공부를 생활화 하자

※ 공부 경영 하면서 답답할 때 『공부! 답이 보인다』 책 제Ⅵ장, 제Ⅶ장을 읽는 것이 좋다.

※ 공부 내용에 대해 이해가 더딜 때 '류기오식ᵃ 대화식 학습 방법'으로

* '류기오식ᵃ 대화식 학습 방법'은 논리적으로 발표력, 표현력, 대화력을 길러 내는 지름길이다.

※ 몰라보게 공부의 자율 능력이 향상된다.

※ 공부에 자신감이 생긴다.

20   년 월   일 요일   **✱복습기록 예) 207page 참고**

시간	과목	복습 범위 (page)	복습 내용(영어 수학은 Note에 따로)

※ 이런 기록들은 오늘 자신이 무엇을 복습 공부 경영을 했는가를 볼 수 있어서 좋다.
※ 매월 이 책을 통해 자기주도학습 습관화 하기.
※ **자율 주행 공부 학습자로 변신하자.**

오늘의 복습 공부 경영 일지

※ Note에 쓰는 것이 원칙이지만 Mobile에 써도 좋음.

20   년   월   일   요일

시간	과목	복습 범위 (page)	복습 내용(영어 수학은 Note에 따로)

Note에 이 양식을 그려 복습하여 복습 공부지능(SI)을 만들어 공부 고민 지우자.

3) 매일 Note에 기록하는 오늘의 예습 공부 경영 일지 이야기

공부지능(SI)으로 혼공법法을 생활화, 습관화 하자.

내일의 학교 공부를 대비해서 공부할 내용을 미리 파악하고 정리한 과정의 기록을 '오늘의 예습 공부 경영 일지' 라고 한다.

- ⊘ 공부 내용을 이해하기 어렵고 관심과 흥미가 없을 때는 '**류기오식**式 **대화식 학습 방법**'으로 천천히 즐겁게 해 본다.
- ⊘ 공부할 내용 범위를 '2번' 읽고 세 번째 읽으면서 주요 내용에 밑줄을 긋고 '오늘의 예습 공부 경영 일지'에 기록해 본다 (공부 내용을 남겨야 한다).
- ⊘ 눈으로 읽어서 이해가 안 될 때는 바로 '**류기오식**式 **대화식 학습 방법**'으로 한다.
- ⊘ 예습 공부 경영을 해가면 학교 수업을 잘 따라갈 수 있고 공부가 쉽고 재미있어진다.
- ⊘ 예습 공부 경영이 없는 학교 공부는 망하는 공부다(학원 공부, 과외 공부도 마찬가지).
- ⊘ 예습 공부 경영할 때 자습서, 참고서, 국어사전, 영어사전, 옥편, Internet 등을 학습 보조 자료로 꼭 참고하여 모르는 대목을 이해해야 한다.
- ⊘ 공부 경영의 머리를 쓰자.

예) 오늘의 예습 공부 경영 일지

※ Note에 쓰는 것이 원칙이지만 Mobile에 써도 좋음.

• 이런 기록들은 오늘 자신이 무엇을 예습 공부 경영했는가를 볼 수 있어서 좋다.

시간	과목	예습한 범위	예습 내용
20:30~21:10	생물	p.100~p.106	.....
21:10~21:50	수학	p.29~p.34	.....
21:50~22:30	영어	7과	.....
22:30~23:10	국사	p.48~p.53	.....

* 자율 주행 공부 학습자로 변신하자.

* '류기오식ㅊ 대화식 학습 방법'은 논리적으로 발표력, 표현력, 대화력을 길러 내는 지름길이다.

인생은 노력하는 것이다.

오늘의 예습 경영 일지

※ Note에 쓰는 것이 원칙이지만 Mobile에 써도 좋음.

※ Note에 '오늘의 예습 경영 일지' 양식을 만들어 공부를 생활화 하자

※ 공부 경영 하면서 답답할 때 『공부! 답이 보인다』 책 제Ⅵ장, 제Ⅶ장을 읽는 것이 좋다.

※ 공부 내용에 대해 이해가 더딜 때 '류기오식^武 대화식 학습 방법'으로

＊ '류기오식^武 대화식 학습 방법'은 논리적으로 발표력, 표현력, 대화력을 길러 내는 지름길이다.

※ 몰라보게 공부의 자율 능력이 향상된다.

※ 공부에 자신감이 생긴다.

20 년 월 일 요일 (시간표 내일 날짜   일   요일) ＊예습기록 예) 211page 참고

시간	과목	예습 범위 (page)	예습 내용(영어 수학은 Note에 따로)

※ 이런 기록들은 오늘 자신이 무엇을 예습 공부 경영을 했는가를 볼 수 있어서 좋다.

※ 매월 이 책을 통해 자기주도학습 습관화 하기.

※ 자율 주행 공부 학습자로 변신하자.

오늘의 예습 공부 경영 일지

※ Note에 쓰는 것이 원칙이지만 Mobile에 써도 좋음.

20   년   월   일   요일 (시간표 내일 날짜   일   요일)

시간	과목	예습 범위 (page)	예습 내용(영어, 수학은 Note에 따로)

Note에 이 양식을 그려 예습하여 예습 공부지능(SI)을 만들어 공부 고민 지우자.

4) 매일 Note에 기록하는 공부 경영 진행 상황 평가장 이야기

- 매일 공부 경영, 예습 공부 경영, 복습 공부 경영 일지를 통해 공부 실천 진행 상황을 평가해 놓은 것을 평가장이라 한다.
- 공부 경영 진행 상황에 대한 평가를 통해 자신의 공부 경영 생활을 가시화했기 때문에 통계적이고 체계적인 과학적 공부가 가능해진다.
- 매일 체킹(checking)하면서 일일평가하고 일주일 단위로 종합 평가를 한다.

※ Note에 쓰는 것이 원칙이지만 Mobile에 써도 좋음.

예) 공부 경영 진행 상황 평가장
※기록 상태를 평가

날짜	오늘의 공부 경영 일지			오늘의 복습 공부 경영 일지			오늘의 예습 공부 경영 일지		
	했음	약간했음	안했음	했음	약간했음	안했음	했음	약간했음	안했음
	○				○			○	
		○		○				○	
			○	○				○	
	○			○				○	
	○				○		○		
	○					○			○
	○			○				○	
		○				○	○		
	○			○				○	

※ 자율 주행 공부 학습자로 변신하자.

공부 경영 진행 상황 평가장

※ 매일 체킹(checking)하면서 일일평가하고, 일주일 단위로 종합
  평가를 한다.
  일주일 단위는 부모님과 함께 한다. 공부 경영 하는 데 애로사항이나
  느낌을 구체적으로 대화하여 대책을 세워서 공부한다.
※ Note에 공부 경영 진행 상황 평가장 양식을 만들어 공부 진행 상황
  을 객관적으로 평가해서 공부의 질을 향상시키자.
※ Note에 쓰는 것이 원칙이지만 Mobile에 써도 좋음.

(기록상태를 평가)   ✱평가 checking 예) 214page 참고

날짜	오늘의 공부 경영 일지			오늘의 복습 공부 경영 일지			오늘의 예습 공부 경영 일지		
	했음	약간했음	안했음	했음	약간했음	안했음	했음	약간했음	안했음

※ 이 평가장을 보고 자율 주행 공부 학습자로 변신하기 위해 노력하자.

공부 경영 진행 상황 평가장

※ Note에 쓰는 것이 원칙이지만 Mobile에 써도 좋음.

(기록상태를 평가)

날짜	오늘의 공부 경영 일지			오늘의 복습 공부 경영 일지			오늘의 예습 공부 경영 일지		
	했음	약간했음	안했음	했음	약간했음	안했음	했음	약간했음	안했음

Note에 이 양식을 그려 실천하여 공부 고민 지우자.

05

··중간·기말고사 대비 요령 이야기··

A. 매일 매일 공부지능(SI)인 3박자(예습, 강의듣기, 복습) 공부 경
영을 의무적으로 해라.

학생으로서 어차피 공부 경영 실질적인 성적 결과를 잘 만들
어 내야 하는 책임이 있다면 미리 하루도 빠짐없이 3박자 공부
경영을 하여 시험 날짜에 임박해 허둥대며 벼락치기 공부를 하
지 말자는 것이다. 공부 경영을 잘 하는 것은 녹록하지 않다. 꾸
준히 성실하게 공부지능(SI)인 3박자 공부 경영 하는 데 달려 있
다는 것이다.

B. 주 단위로 재복습해라.

그 주에 공부한 내용을 암기하는 것을 토·일요일에 완전히 끝
내야 된다는 것이다.
즉, 목수가 못을 박듯해야 된다는 것이다. 이는 망치로 여러

번 두들겨서 못 대가리가 물체에 완전히 박힐 때까지 한다는 말이다. 기억하는 것은 이와 같이 해야 된다는 것이다. 여러 번 두들기는 것은 바로 공부에 복습이며, 노력이다. 이는 학생 여러분의 몫이다.

　　* 각 과목 문제집을 통해 실력 확인과 다지기

C. 시험 15일 전 교과서 5번 읽기, 시험 5일 전 개념 이해 훈련, 내용 암기, 문제 풀이는 잘못 풀었던 문제 위주, 오답 정리, 주변 학교 세네 곳 기출문제 인터넷으로 출력해 본인 실력 확인해 보기.

　　* (A), (B)대로 꾸준히 해 왔다면 준비 마무리를 이렇게 하라는 것이다.

學	而	時	習	之	不	亦	說	乎
배울(학)	말이을(이)	때(시)	익힐(습)	갈(지)	아니(불)	또(역)	기뻐할(열)	어조사(호)

(배우고　때때로　익히면　또한　기쁘지　아니한가)

06

인터넷(Internet) 강의
활용법 이야기

A. 원하는 스타일 강사 찾기.

강의를 신나게 하는 강사, 재미있게 하는 강사, 지루하게 하는 강사, 답답하게 하는 강사 등 여러 형태의 강사 중 자신에게 맞는 강사를 찾는 것이 Internet 강의의 효율을 높이는 첫 단추다.

B. Internet 강의 수강 계획표를 수립하기.

하루에 어떤 과목을 몇 개 들을지 또는 몇 시간 들을지 정한다. 특정 과목만 집중적으로 듣는 '공부편식'은 버려야 한다. 아침, 저녁 학생 자신의 정신 상태가 다르므로 학과목 기호에 따라 구분해서 과목 배치가 필요하다.

C. 예습 – 강의 듣기 – 복습 3단계 생활화 하기.
(저자가 항상 주장하는 공부 경영 기본기입니다.)

예습과 복습 없이 듣기만 해서는 성적이 오르지 않는다. 예습,

강의듣기, 복습을 반복할 때 성과를 거둘 수 있다. 강의를 듣다가 모르는 내용은 질문 게시판을 적극 활용한다.

學 而 時 習 之 不 亦 說 乎
배울(학) 말이을(이) 때(시) 익힐(습) 갈(지) 아니(불) 또(역) 기뻐할(열) 어조사(호)
(배 우 고   때 때 로   익 히 면   또 한   기 쁘 지   아 니 한 가)

07

.... EBS 방송 교육 ....
공부 경영 요령 이야기

공부 지능(SI)을 생활화 습관화 하자.

A. 사전 준비해라.

무턱대고 방송에 따라 공부 경영을 하지 말고 **류기오식^{式} 대화식 학습 방법**으로 정해진 방송 범위를 5번~10번 정도 사전 이해 훈련해 본 다음 방송을 청취해야 학습효과가 제대로 나타난다.

B. 마무리 공부 경영해라.

철저히 사전 준비해서 방송 청취로 공부 경영을 마치면 좋겠지만 머리에 지식을 쌓고 넣는 일은 그리 쉬운 일이 아니다. 쌓고 넣는 노력의 과정이 반드시 필요하다.

사전 이해 훈련하고, 청취 학습하고, 끝으로 마무리는 복습. 공부 경영은 학생 본인의 완전한 지식이 되며, 실력이 확실하게 향상된다.

08

학부모의 공부 경영에 대한
이해의 마음

학부모의 역할 이야기

학부모님은 사회에 나가 직장에서 일을 하고 학생은 학교생활과 공부(일)를 한다. 학부모님은 직장에서 맡은 일을 추진하면서 직장 동료와 상사에게 협조를 얻게 되고 피드백을 받게 되고, 일을 잘 처리함으로써 능력을 인정받게 되어 성취감과 만족감, 안정감을 얻게 된다. 일을 할 때 학부모님은 일의 목적을 이루기 위해 지혜를 짜고 시간과 노력을 투자해서 목적에 도달할 때까지 힘껏 일을 하게 된다. 일을 잘할 수 있도록 동료와 상사로부터 동기를 부여받고, 사기를 얻고, 격려를 받아 재미있고 즐겁게 일을 한다. 짜여진 틀 안에서 자신의 행위와 결과에 대해 책임감을 가지고 자율적으로 일을 처리하며 일의 성과를 객관적으로 나타낸다.

마찬가지로 학생도 학교 공부 외에 자율 공부를 하는 데 있어서 어떤 짜여진 틀에서의 규칙적인 공부 생활화가 필요하고, 공부하는 행위와 결과를 객관적이고 가시적으로 나타낼 수 있는 근거가 필요하다. 이 근거는 앞 제Ⅶ장 4에서 말한 1) 오늘의 공부 경영 일지, 2) 오늘의 복습 공부 경영 일지, 3) 오늘의 예습 공부 경영 일지, 4) 공부 경영 진행 상황 평가장 내용들이다. 또 제Ⅶ장 4의 같은 양식으로 매일 기록된 공부 추진 상태를 근거로 학생들의 학교 공부 외에 자율 공부 상황을 객관화, 가시화하여 학부모님이 직접 눈으로 보는 것이 좋다.

그리고 체계적으로 통제하고 합리적이고 과학적인 대화를 나눠야 한다. 이와 같은 방법으로 학생의 자율 공부 생활에 대해 정기적으로 대화한다. 너무 자주 하게 되면 학생들이 스트레스를 받기 때문에 보통 일주일에 1번, 한 달에 4번 정도 하여 공부하는데 애로사항이 무엇인지 경청하고 학부모님으로서 협조와 격려, 칭찬을 아끼지 않으면서 자녀들이 공부를 더 잘 할 수 있도록 동기 부여를 해준다. 학생들의 공부 짐을 덜어주는 협조자와 상담자로서 학부모님의 위치가 정립되어야 한다.

학생 딴에는 스스로 공부를 한다고 하는데 공부 성과를 얻지 못하는 경우가 있다. 이때 학부모님이 무조건 책망하고 비난하는 것은 좋지 않다. 또 학부모님이 자랄 때 부모님에게 받은 빈번한 꾸짖음을 생각해 보면 무조건 나무라는 것에 반감을 느낀다는 것을 알 것이다.

학부모님은 앞에서 말한 네 가지 수단으로 학생들 스스로 지혜를 짜고 시간과 노력을 투자할 수 있도록 일정한 거리를 두면서 도움을 주어 공부의 효과와 목적이 이루어질 수 있도록 해야 한다. 이제는 공부 경영 진행자료(근거)를 통한 격려와 대화가 필요하다.

자료(근거)없이 무턱대고 학생들에게 말하는 것은 비과학적인 대화이므로 해서는 안 된다. 객관적 자료 없이 대화를 하다보면 부모 자식 간에 단절이 생기게 되고 학생들은 스트레스를 받는다.

　평소 공부 경영 결과인 성적표를 가지고 대화하는 것보다는 공부 경영 과정을 검토해 보면서 대화하는 것이 학생에게 자신감을 줄 수 있다.

學　而　時　習　之　不　亦　說　乎

배울(학) 말이을(이) 때(시) 익힐(습) 갈(지) 아니(불) 또(역) 기뻐할(열) 어조사(호)

(배 우 고　때 때 로　익 히 면　또 한　기 쁘 지　아 니 한 가)

09
... 학부모와 학생의 의식 재고^{再考} ...

1) 자녀로서 부모님에 대한 바른 생각과 자세 이야기

바른 생각 이야기

부모님은 자식을 이 세상에 태어나게 한 것부터 원초적인 도덕적 의무와 책임을 지게 된다.

또한, 사회적으로 법률적으로 의무와 책임도 갖게 된다. 이는 대체로 성년이 될 때까지 갖게 된다. 학생 스스로가 사회인으로 성숙할 때 비로소 부모로서의 의무와 책임이 줄어든다. 부모님은 자녀에 대한 의무와 책임을 다하기 위해 밤낮없이 노심초사하면서 건강한 몸과 건전한 생각 그리고 능력을 갖춘 사람으로 자녀를 길러 내고 싶은 마음뿐이다.

이 세상을 살아가면서 많은 지식을 쌓는 일만큼 중요한 것은 바로 풍부한 사회적 경험이다.

사회적 경험이 풍부할수록 인생 운용의 지혜가 많이 생겨 일을 잘 추진할 수 있다. 대개 사회적 경험이 많은 부모님과 사회적 경험이 많지 않은 자녀들로 가정은 구성되어 있다. 부모님은 사회적 경험이 많은 인생 선배로서 자녀들에게 자주 타이르게 되고, 많은 것을 가르쳐 주어 자녀들이 공부도 잘하고 건강하게 성장할 수 있기만을 바란다.

학생 여러분은 무한한 자녀사랑으로 가득한 부모님의 마음을 이해하고 생각해야 한다.

바른 자세 이야기

- ⊘ 나를 낳아 주고 길러 주신 부모님을 사랑하고, 존경하는 자세
- ⊘ 부모님의 말씀을 입장 바꿔 생각해 보는 자세
- ⊘ 부모님의 말씀을 꼼꼼히 되새겨 듣는 자세
- ⊘ 부모님의 말씀을 이해하고 참고하는 자세
- ⊘ 부모님의 말씀을 잔소리로 듣지 않는 자세
- ⊘ 본인의 공부와 고민에 대해 부모님에게 지혜를 구해 보는 자세
- ⊘ 사람은 모든 것에 생각과 인식의 차이가 있기 때문에 부모 님의 말씀에 바로 거부해서는 안 되는 자세

2) 학부모님의 자녀에 대한 바른 생각과 자세 이야기

바른 생각 이야기

사람이 인생 문제를 어렴풋이나마 자각하게 될 때, 미래 사회에 나는 어떻게 적응하고 무엇으로 살아갈 것인가를 생각하게 된다. 특히 청소년기인 중·고등학생들의 경우 더 많은 고민을

하게 된다.

공부가 그 첫 번째 고민 대상이다. 열심히 노력해도 실력이 오르지 않고 항상 제자리걸음이라면 학생은 심한 압박과 불안감을 느껴 학교생활 자체에 흥미를 느끼지 못한다.

학생들은 이런 문제를 스스로 해결하기 위해 나름대로 애를 쓴다. 친구 만나는 시간을 줄이고 학원을 쫓아다녀 보기도 하고 과외를 받아 보기도 하면서 공부를 해 보지만, 실력을 향상시키는 일은 그리 녹록하지 않다.

부모님의 기대에 못 미치는 현실이 학생 스스로 답답할 것이다. 부모님에게 칭찬받고 싶은 것이 학생의 심정이다. 부모님을 즐겁게 해 드리고, 학생 자신도 실력을 키워 미래의 꿈을 실현하고 싶을 것이다. 이런 자녀들의 생각과 마음을 바르게 이해하는 학부모님이 되어야 한다. 자녀들에게 본인들의 일이나 공부에 대해 일정한 자유와 책임을 주어 자율적으로 해결할 수 있도록 배려해 주면서 건전한 인간으로 성장할 수 있도록 독립심을 길러 주는 것이 부모의 역할이다. 자유를 만끽하며 행복하게 기른 닭이 양계장에서 사육된 닭보다 비타민이 더 풍부한 양질의 달걀을 낳는다는 실험 결과도 있다.

바른 자세 이야기

- ⊘ 세상에 대해 잘 모르고 있는 자녀를 사랑하고 귀여워해 주는 자세
- ⊘ 자녀들에게 꾸지람보다 격려해 주는 자세

- ⊘ 애를 쓰는 자녀들을 보다 넓은 마음으로 이해하는 자세
- ⊘ 공부 성적만으로만 자녀를 바라보지 않는 자세
- ⊘ 잘못된 행동을 비난하기보다 분석해서 자녀에게 충고해 주는 자세
- ⊘ 변화된 사회 환경과 자녀의 사고방식을 이해하는 자세
- ⊘ 부모님의 고정관념과 가치관을 신세대인 자녀에게 무조건 주입하지 않는 자세
- ⊘ 인생이나 공부에 대해 자신감과 동기 부여를 해 주는 자세
- ⊘ 인생살이의 여러 현상과 과정을 자주 이야기해 주는 자세

인생은 노력하는 것이다.

지금 나의 공부 생활 상태를 진단해 보자

공부 생활 진단표

- ▣ 학생 스스로 공부 생활 상태를 진단해 본다.
- ▣ 어차피 해야 할 공부 잘 해보는 쪽으로 마음을 다짐한다.
- ▣ 신나게 욕심껏 공부를 해 학생 각자의 목표를 달성한다.
- ▣ 공부는 언제나 하루도 쉬지 않고 꾸준히 하는 마음가짐이 필요하다.
- ▣ 사람이 살아가는 데 공짜는 없다.

진단 결과 분석표

- ▣ 평소에 자신있게 공부를 해 왔는데 어떤 문제로 욕심껏 되지 않았는 지를 파악해 볼 수 있다.

▣ 개선해야 할 사항을 발견해 볼 수 있어 좋다.

▣ 학생의 직업 내용은 공부다.

▣ 학생으로서 성실하게 목적을 이루기 위한 공부의 진단이다.

▣ 무엇보다도 공부만이 사람 평가 기준이 아니기 때문에 훈훈한 인간
성이 있는 사람으로 더욱 성장하기를 기원한다.

응답 분류의 의미

▣ 예: 학생으로서 할 일을 잘하고 있다.

▣ 보통: 하고는 있지만 꾸준히 열심히 하고 있지 않다.

▣ 아니오: 학생으로서 해야 할 일을 손 놓고 있다.

▣ 그저 그렇다: 학생으로서 할 일을 적극적보다 소극적이다.

▣ 모르겠다: 학생의 할 일을 손도 안 댄다.

▣ 노력만큼 실력이 올라간다: 공부방법을 알고 있다.

▣ 노력만큼 실력이 올라가지 않는다: 노력하는 자세가 되어 있으니 좋
은 방법을 찾아 해결하면 된다.

▣ 어떻게 해야 하는지 엄두가 나지 않는다: 공부를 접근하지도 않았다.
공부를 차근 차근 성실히 하면 이루어질 수 있다.

〈 공부 생활 진단표 〉

잘못된 학습 습관을 바로 잡고 자율적 공부를 해 갈 수 있는
능력을 성장시키려고 하오니 성실하게 답해 주세요.

1. 학생은 평소 부지런합니까?
   ☐ 예   ☐ 보통   ☐ 아니오

2. 학생은 평소 성실합니까?
   ☐ 예   ☐ 보통   ☐ 아니오

3. 학생은 평소 매사에 계획성이 있나요?
   ☐ 예   ☐ 보통   ☐ 그저 그렇다   ☐ 아니오

4. 학생은 평소 창의력, 표현력, 상상력이 있나요?
   ☐ 예   ☐ 보통   ☐ 그저 그렇다   ☐ 아니오

5. 학생은 평소 계산력, 응용력이 있나요?
   ☐ 예   ☐ 보통   ☐ 그저 그렇다   ☐ 아니오

6. 학생은 공부를 어렵게 생각했나요?
   ☐ 예   ☐ 아니오   ☐ 모르겠다

7. 6번 응답을 왜 그렇게 생각합니까?
   1) 노력만큼 실력이 올라간다.
   2) 노력만큼 실력이 올라가지 않는다.
   3) 어떻게 해야 하는지 엄두가 나지 않는다.

8. 7번에 대해 이유를 써 주세요.

9. 학생은 평소 공부에 대해 실천력, 추진력이 있나요?
   ☐ 예   ☐ 보통   ☐ 그저 그렇다   ☐ 아니오

10. 9번 이유를 써 주세요.

11. 평소에 잠은 몇 시간 자나요?
    1) 8시간 이상   2) 6~7시간   3) 5시간 이하

12. 기상시간?
    1) 4시 30분   2) 5시~5시 30분   3) 5시 30분~6시
    4) 6시~6시 30분   5) 6시 30분~7시

13. 기상에서 아침식사 전에 시간 활용을 어떻게 합니까?
    1) 밀린 예습을 한다.
    2) 영어 문장이나 단어를 소리내어 읽는다.
    3) 아무 것도 안하고 학교 갈 준비만 한다.

14. 학교 수업 시간에 선생님의 강의 말씀을 주의 깊게 집중적으로 듣는 편입니까?
    ☐ 예   ☐ 보통   ☐ 그저 그렇다   ☐ 아니오

15. 학교 수업 중에 선생님에게 질문을 자주 하는 편입니까?
    ☐ 예   ☐ 보통   ☐ 그저 그렇다   ☐ 아니오

16. 학교생활에서 친구들과 잘 어울리는 편입니까?
    ☐ 예   ☐ 아니오   ☐ 모르겠다

17. 학교 공부할 때 친구들과 공부 내용에 대해 토론합니까?

☐ 예 ☐ 보통 ☐ 그저 그렇다 ☐ 아니오

18. 좋아하는 과목을 쓰세요.

19. 싫어하는 과목을 쓰세요.

20. 집에 돌아와 휴식을 몇 시간 합니까?

1) 30분 이내 2) 1시간 이내
3) 1시간 30분 이내 4) 2시간 이상

21. 공부하는 장소는 어디 인가요?

☐ 집 ☐ 학교 ☐ 학원 ☐ 독서실

22. 본인이 해야 할 공부를 자율적으로 합니까?

☐ 예 ☐ 아니오 ☐ 모르겠다

23. 22번 응답에 대해서 구체적으로 써 주세요.

24. 본인이 해야 할 공부를 타율적(학원, 과외지도)으로 합니까?

☐ 예 ☐ 아니오

25. 24번 응답에 대해서 구체적으로 써 주세요.

26. 평소 본인 스스로 학교 공부에 대해서 책임감이 강한 편입니까?

☐ 예 ☐ 아니오 ☐ 모르겠다

27. 학교 공부에 대해 마무리 공부인 복습은 철저히 합니까?
    ☐ 예   ☐ 아니오   ☐ 모르겠다

28. 하루에 TV를 얼마나 시청합니까?
    1) 30분 이내   2) 1시간 이내
    3) 1시간 30분 이내   4) 2시간 이상

29. 하루에 스마트 폰, 인터넷으로 게임을 몇 시간 즐깁니까?
    1) 30분 이내   2) 1시간 이내
    3) 1시간 30분   4) 2시간 이상

30. 내일 학교에 가서 배울 과목들에 대해 예습을 꼼꼼히 하는 편입니까?
    ☐ 예   ☐ 아니오   ☐ 모르겠다

31. 하루 일과를 마치고 반성을 해 봅니까?
    ☐ 예   ☐ 아니오   ☐ 모르겠다

32. 본인은 왜 공부가 잘 안되는지를 자세히 작성해 주세요(이유).

33. 본인의 꿈과 미래 사회(4차 산업혁명 시대)에서 어떤 모습으로 살아갈 것인
    지 생각을 작성해 주세요.

34. 학부모님 의견

35. 상담 선생님의 소견